TZVETAN TODOROV

Die verhinderte Weltmacht

Buch

Alleinherrschaft der Supermacht oder Pluralismus? Hinter den Diskussionen um den Irakkrieg und dessen Folgen verbirgt sich angesichts der neuen Weltunordnung eine fortdauernde Verunsicherung. Wenige europäische Intellektuelle, provoziert durch das arrogante Vertrauen in den amerikanischen Neoimperialismus, meldeten sich bisher in unaufgeregtem Ton zu Wort.

Der Europäer Tzvetan Todorov, der einige Zeit in den Vereinigten Staaten lebte, liefert in diesem Buch eine klare und knappe Analyse der aktuellen politischen Kontroverse zwischen den USA und Europa.

An seine Überlegungen zur gegenwärtigen Situation schließt er eine Reihe origineller Vorschläge zur Gründung einer neuen europäischen Macht an. Europa ohne Führung, geteiltes Europa, »altes Europa« ... sollte dieses Europa nicht im entscheidenden Moment zusammenfinden und sich endlich in seiner Vielfalt auf gemeinsame Werte verständigen, um auf weltpolitischer Bühne entsprechend zu handeln?

Autor

Der bulgarische Soziologe, Strukturalist und Philosoph Tzvetan Todorov, geboren 1939 in Sofia, emigrierte 1963 nach Paris, wo er mit Roland Barthes zusammenarbeitete. Nach Dozenturen in Paris und Yale ist er heute Forschungsleiter am Centre National de la Recherche Scientifique (CNRS)in Paris. Tzvetan Todorov ist Autor zahlreicher Bücher zu Literatur, Geschichte, Politik und Moral. Zu seinen sozialphilosophischen Werken zählen u.a. »Die Eroberung Amerikas« (1982) und »Abenteuer des Zusammenlebens« (1995).

Tzvetan Todorov

Die verhinderte Weltmacht

Reflexionen eines Europäers

Aus dem Französischen
von Hanna van Laak

GOLDMANN

Die Originalausgabe erschien
unter dem Titel »Le Nouveau Désordre Mondial«
bei Robert Laffont, Paris.

Deutsche Erstausgabe

Umwelthinweis:
Alle bedruckten Materialien dieses Taschenbuches
sind chlorfrei und umweltschonend.

Der Goldmann Verlag ist ein Unternehmen
der Verlagsgruppe Random House GmbH

1. Auflage
Deutsche Erstausgabe Oktober 2003
© 2003 der deutschsprachigen Ausgabe
Wilhelm Goldmann Verlag, München,
in der Verlagsgruppe Random House GmbH
© 2003 der Originalausgabe Robert Laffont, Paris
Umschlaggestaltung: Design Team München
Satz: DTP im Verlag
Druck: Elsnerdruck, Berlin
Verlagsnummer: 15273
Redaktion: Svenja Geithner
KF · Herstellung: Sebastian Strohmaier
Made in Germany
ISBN 3-442-15273-9
www.goldmann-verlag.de

Inhalt

Vorwort von Stanley Hoffmann 7

Vorbemerkung 11
Die Kriegsgründe 15
Die Neofundamentalisten 29
Die Schwachpunkte des Imperiums 40
Ein Lob auf den Pluralismus 60
Stärke oder Recht? 68
Eine stille Macht 82
Europäische Werte 95
Die Anpassung der Institutionen 114

Bibliografie 127

Vorwort

Nur wenige Texte, die sich mit den jüngsten internationalen Ereignissen befassen, vom Irakkrieg und seinen Folgen bis zu den europäischen Erfordernissen angesichts des amerikanischen Neoimperialismus, sind mir so tief schürfend und so treffend erschienen wie dieser Streifzug von einem der großen Intellektuellen unserer Zeit durch den Bereich der internationalen Beziehungen. Tzvetan Todorov, dieser Mann der Renaissance (oder der Aufklärung), der schon so viele Themen mit außergewöhnlicher gedanklicher Schärfe und Konzentration beleuchtet hat – von der Linguistik bis zum Totalitarismus, von der Geschichte des Denkens bis zur Philosophie und Anthropologie –, erteilt uns hier eine einzigartige Lektion. Er erklärt uns, wie die Außenpolitik einer freiheitlichen Demokratie in der heutigen Welt aussehen müsste; er warnt uns davor, den Verlockungen der Allmacht nachzugeben und allzu schnell auf Stärke zu setzen; er plädiert für den Pluralismus und gegen alle Heilsbringerlehren – und damit auch gegen die Versuchung, Demokratie zu exportieren. Er tut das in einer Sprache, die eines Montesquieu oder de

Tocqueville würdig ist, und reiht sich in eine gedankliche Tradition mit Camus ein, für den die Mittel ebenso wichtig waren wie der Zweck. Er warnt uns vor den Gefahren einer im Inneren unkontrollierten und nach außen ungezügelten Macht und unterzieht die neue Weltstrategie der Vereinigten Staaten auf diese Weise einer weitaus überzeugenderen Kritik, als gängige Verunglimpfungen und Vorurteile das tun.

Zudem weist er uns einen Weg, wie die unvermeidliche Vorherrschaft der »Hypermacht« eingeschränkt oder zumindest gemildert werden kann: durch ein Europa, das nicht nur ein Modell für eine friedliche und glückliche Vereinigung ist und ein herausragendes Beispiel für die Versöhnung von Nationen darstellt, welche so lange in einem zerrissenen Kontinent in Konflikt miteinander lagen, sondern das sich außerdem zu einer Instanz entwickeln könnte, die er als »stille Macht« bezeichnet. Dieses Europa müsste fähig werden, seine Abhängigkeit von den Vereinigten Staaten im Bereich der Verteidigung abzubauen und eigenständig Verantwortung in der Außenpolitik zu übernehmen. Dadurch könnte es sich auch in einem Amerika Gehör verschaffen, das versucht ist, auf Grund einer arroganten und geringschätzigen Auffassung von Bündnissen, Recht und internationalen Institutionen weltweit seine Stärke zu demonstrieren. Schließlich entwickelt er einige ehrgeizige, treffende und originelle Ideen zur notwendigen Anpassung der europäischen Institutionen und zu den Werten, die die Europäische Union verteidigen und in einer gefährlichen und chaotischen Welt fördern kann und muss.

So viele Dinge auf so wenigen Seiten! Als Europäer, der vor beinahe einem halben Jahrhundert in die Vereinigten Staaten verpflanzt wurde, bin ich stolz auf die Ehre, das Vorwort zum Werk eines Mannes verfassen zu dürfen, dessen Klugheit und Gelehrtheit mich schon seit langem beeindrucken und dessen in diesem Buch entwickelte Ideen ich im Wesentlichen teile.

Stanley Hoffmann/ Harvard University

Vorbemerkung

Selten hat ein Ereignis fern unserer Heimat so viele leidenschaftliche Diskussionen ausgelöst wie der Konflikt zwischen den Vereinigten Staaten und dem Irak in der ersten Hälfte des Jahres 2003. Obwohl die Kämpfe nicht auf dem Boden unseres Kontinents stattfinden sollten, fühlten alle Europäer sich so betroffen, als würde dabei auch über ihr Schicksal entschieden. Ich habe selten so viele Zeitungen gelesen und so viele Erklärungen gehört, und damit stehe ich bestimmt nicht alleine da. Die Diskussion verlief umso heftiger, als die Standpunkte unversöhnlich waren, auch wenn sie sich auf die gleichen Ideale beriefen: die demokratische Ordnung und die Menschenrechte. Ein großer Teil der europäischen Bevölkerung war in zwei klar unterschiedene Lager gespalten: Die einen verdammten den Krieg, die anderen Saddam Hussein – während der Krieg selbst schließlich den Sturz der Diktatur zur Folge hatte. Konnte man beide Positionen gleichzeitig vertreten, ohne sich dem Vorwurf mangelnder Logik auszusetzen? Oder musste man auf eine verzichten, und wenn ja, auf welche?

Und das ist noch nicht alles. Der Konflikt und die dadurch hervorgerufenen Diskussionen haben auch Fragen zur Identität Europas aufgeworfen. Die Verhandlungen über die europäischen Institutionen interessieren gewöhnlich nur die Experten oder eine Hand voll Politiker, die sich damit befassen; Fragen zum Wesen der europäischen Zivilisation und Gesellschaft sind im besten Fall Gesprächsthema in den Debatten von Hochschulprofessoren. Plötzlich aber ist die europäische Identität unter dem Druck der Ereignisse – des Krieges! – Gegenstand einer allgemeinen Diskussion geworden, die ebenfalls von sämtlichen Medien aufgegriffen wurde. Und in der Tat gab es Grund zur Beunruhigung: Zum ersten Mal seit 1945 war Europa offenbar nicht mehr bereit, sich der Politik der Vereinigten Staaten unterzuordnen. Alte Divergenzen tauchten wieder auf, neue kamen hinzu, zwischen »Atlantikern« und »Europäern«, zwischen dem »alten« und dem »neuen« Europa. In manchen Ländern wurde außerdem ein Bruch zwischen öffentlicher Meinung und Regierungspolitik sichtbar. All diese Uneinigkeit bewogen die Europäer zu einer grundlegenden Auseinandersetzung mit der Frage: Wie wollen wir die Identität Europas definieren? Und wie soll das Europa der Zukunft aussehen?

Die Hitzigkeit dieser Diskussionen hat mich aus meiner gewohnten Beschäftigung mit ideen- und kulturgeschichtlichen Themen gerissen. Ich verspürte das Bedürfnis, die jüngsten Ereignisse genauer zu analysieren und ein wenig Ordnung in meine eigenen Reaktionen als Bürger zu bringen – daraus entstanden die folgenden Seiten. Gewiss speist sich mein Interesse für dieses Thema auch aus meinen persönlichen Zugehörigkeiten und Bindungen. Ich bin in einem Teil Europas – in Bulgarien – geboren und aufgewachsen und lebe seit nunmehr vierzig Jahren in einem anderen – in Frankreich. Die Distanz zwischen den beiden Ländern ging nicht allein mit der Trennung zwischen Osten und Westen einher, sondern auch mit der Trennung von totalitärem Kommunismus und Demokratie. Mit großer Freude nahm ich auf westlicher Seite Anteil am Fall der Berliner Mauer, und mit großer Befriedigung nahm ich die ersten Schritte in Richtung einer europäischen Wiedervereinigung zur Kenntnis: Von nun an konnte ich mich als Gesamteuropäer begreifen. Gefühlsmäßig stehe ich Osteuropa ebenso nahe wie Westeuropa. Zugleich sind die Vereinigten Staaten für mich kein fremdes Land: Ich bin häufig dorthin gereist, ich habe dort gelebt, ich habe Freunde und Verwandte dort. Mit einem Wort, ich spüre die neuen Spannungen innerhalb und außerhalb Europas auch in mir selbst. Das ist wohl der Grund, weshalb ich mich heute zu meiner Identität als Europäer des 21. Jahrhunderts bekenne.

Die Kriegsgründe

Man hat den Vereinigten Staaten so viele verschiedene Motive für ihren Krieg gegen den Irak unterstellt, je nachdem, ob man sich mehr mit der einen oder der anderen Gruppe identifizierte, dass sich unweigerlich eine gewisse Verwirrung in den Köpfen breit gemacht hat. Wir wollen die wichtigsten Antworten auf die Frage: »Warum dieser Krieg?« an den Beginn unserer Überlegungen stellen, ausgehend davon werden wir seine Legitimität beurteilen können.

Präsident George W. Bush hatte in seiner Rede an die Nation, die zugleich als Kriegserklärung fungierte, eine doppelte Begründung ins Feld geführt. »Das irakische Regime besitzt und versteckt nach wie vor die tödlichsten Waffen, die je entwickelt wurden ... Es hat Terroristen unterstützt, ausgebildet und ihnen Unterschlupf gewährt, darunter auch Angehörigen der Al-Qaida.« Die Bedrohung resultiert aus der Verknüpfung beider Faktoren: Der Irak produziert Massenvernichtungswaffen und kann sie den Terroristen, die die Attentate vom 11. September verübt haben, zur Verfügung stellen. War diese Bedrohung glaubhaft?

Zunächst muss man feststellen, dass die erste Behauptung eine offenkundige Übertreibung beinhaltet: Der Irak ist ohne Zweifel weit davon entfernt, die tödlichsten Massenvernichtungswaffen entwickelt zu haben. Bush stellt sein Licht unter den Scheffel; diese Ehre gebührt den westlichen Ländern, an deren vorderster Stelle die Vereinigten Staaten selbst stehen. Aber lassen wir das beiseite; die Frage lautet: Besaß der Irak zum Zeitpunkt der Intervention solche Waffen?

Unter »Massenvernichtungswaffen« versteht man drei Arten von Produkten: Nuklearwaffen, biologische und chemische Waffen. Es steht fest, dass der Irak keine Nuklearwaffen besaß; nach der Bombardierung seiner Atomanlagen durch die Israelis konnte er auf Grund der ständigen Beobachtung seines Territoriums durch die westlichen Mächte sein Programm nicht mehr neu auflegen. Nach dem Ende des Krieges haben wir erfahren, dass die Anschuldigungen über eine Wiederaufnahme der Produktion jeder Grundlage entbehrten. Ebenso gewiss ist, dass der Irak biologische Waffen produziert hatte, zugleich aber ist bekannt, dass diese nicht sehr lange haltbar sind. Ihre Produktion lag jedoch mehrere Jahre zurück. Falls diese Waffen überhaupt noch existierten, waren sie bereits unbrauchbar geworden. Die chemischen Waffen schließlich, die der Irak ebenfalls selbst produziert hatte, waren nach dem ersten Golfkrieg von 1991 vernichtet worden. Ein glaubwürdiger Beweis für die tatsächliche Existenz dieser Waffen wurde weder vor noch während, noch nach der Militärintervention erbracht (ich schreibe diesen Satz am 19. Juni 2003).

Dagegen spricht nunmehr einiges eher für das Gegenteil. Selbst wenn der Irak solche Waffen besessen haben sollte, so hat er sich ihrer zumindest nicht bedient. Dabei hatte er durchaus Anlass dazu: Das Land war angegriffen worden, seine Unterlegenheit in allen anderen Waffengattungen war offenkundig, sein Führer Saddam Hussein wusste, dass er nichts mehr zu verlieren hatte, und er gehörte nicht zu denen, die in der Wahl ihrer Mittel zimperlich sind. Weshalb also hat der Irak nicht versucht, sich mit allen Mitteln zu verteidigen, beispielsweise auch mit den verfügbaren chemischen Waffen? Eine mögliche Antwort darauf lautet: Weil er keine hatte.

Auch eine andere Antwort ist denkbar: Weil er nicht wollte. Diese Waffen sind in der Tat zweischneidig. Wer sie einsetzt, läuft selbst Gefahr, unter ihren Folgen zu leiden. So überzeugt von seiner Macht Saddam Hussein auch sein mochte, er konnte schwerlich außer Acht lassen, dass die Vereinigten Staaten (oder Großbritannien oder Israel oder wer auch immer) über die gleichen Waffen verfügten, allerdings in größerer Menge und besserer Qualität; die Reaktion wäre verheerend gewesen. Der Einsatz solcher Waffen wäre einem Selbstmord gleichgekommen. Tatsächlich können derartige Waffen nur gegen einen schwächeren Gegner zum Einsatz gelangen, der nicht darüber verfügt – wie etwa die Schiiten oder Kurden im Irak selbst –, und nicht gegen eine überlegene Macht. Ob es sich nun um eine Frage des Wollens oder des Könnens handelte, eines ist sicher: Es bestand nie die Gefahr, dass solche Waffen gegen die Vereinigten Staaten und ihre Verbündeten eingesetzt werden könnten.

Der Krieg gegen den islamistischen Terrorismus beruft sich auf das Recht auf Selbstverteidigung. Die westlichen Länder wurden (wie andere) angegriffen und versuchen sich nun zu schützen. Aber hat der Irak den internationalen Terrorismus und insbesondere das Al-Qaida-Netzwerk unterstützt? Auch zu diesem Punkt wurde bis heute kein überzeugender Beweis vorgelegt. Es war bekannt, dass der Irak den Familienangehörigen palästinensischer Selbstmordattentäter finanzielle Unterstützung zukommen ließ. Man kann und muss die damit verbundene Ermutigung zu solchen Attentaten verurteilen, aber man darf diese Gesten der Verzweiflung, die auf einen eng umrissenen Kontext begrenzt sind, nicht mit den terroristischen Aggressionen in den westlichen Ländern, darunter auch den Attentaten vom 11. September, über einen Kamm scheren, deren Motivation rein ideologischer Natur war.

Zudem schien eine Verbindung zwischen Saddam Hussein und Osama bin Laden auf ideologischer Ebene wenig wahrscheinlich. Das irakische Regime stand auf einem weltlichen Fundament und hatte aus diesem Grund bereits die Verunglimpfungen der islamistischen Terroristen auf sich gezogen. Diese rekrutierten ihre Anhänger in anderen muslimischen Ländern, allem voran in Saudi-Arabien. Beide hätten sich nur unter extremen Bedingungen gegen einen genau definierten gemeinsamen Feind verbündet, beispielsweise anlässlich eines Kriegs gegen den Irak ... Man darf mit Fug und Recht bezweifeln, dass die amerikanische Intervention den Terrorismus ernstlich geschwächt hat.

Der Kampf gegen den Terrorismus ist nicht einfach, er erfordert vielmehr Geduld und Hartnäckigkeit. Im Vergleich dazu war der Krieg gegen den Irak einfach, es genügte, das Land zu bombardieren und durch eine erdrückende Übermacht in die Knie zu zwingen. Durfte man diese militärische Intervention unter das Banner des Antiterrorismus stellen? Man kann sich schwerlich des Eindrucks erwehren, dass diese Entscheidung von der Wahl der einfacheren Lösung und dem Wunsch, die öffentliche Meinung im eigenen Land für sich zu gewinnen, geleitet wurde. Man sucht den Schlüssel eben aus Gewohnheit unter der Straßenlaterne und nicht da, wo man ihn verloren hat!

Da die ersten angeführten Begründungen für eine Intervention – Besitz von Massenvernichtungswaffen, Verbindungen zu Terrornetzwerken – nicht überzeugend wirkten, war den Spekulationen der Kriegsgegner, die nach verborgenen, wahrscheinlich unvertretbaren Motiven suchten, nun Tür und Tor geöffnet. Beispielsweise kursierte der Verdacht, es könnte sich dabei um eine neue Variante der aggressiven Christianisierung handeln. Hatte nicht Präsident Bush selbst den Begriff »Kreuzzug« benutzt, um sein Interventionsvorhaben zu beschreiben, hörten wir nicht zugleich, dass er jeden Tag betet und seine Mitarbeiter anhält, es ihm gleichzutun? Dennoch scheint mir, dass die europäische Öffentlichkeit und insbesondere die französische, die an eine strikte Trennung von Kirche und Staat gewöhnt ist, die wirkliche Bedeutung der religiösen Motivation tendenziell überschätzt. Zwar hat der Präsident sich zum Christentum bekannt, doch seine engen Mitarbeiter und Berater, die maßgeblich die Richtung seiner Politik beeinflussen, folgen ihm darin nicht. Keine offizielle kirchliche Institution hat den Krieg gebilligt; vielmehr haben zahlreiche Persönlichkeiten – an vorderster Stelle der Papst selbst – ihn bekämpft und verurteilt. Und George W. Bush hat den Begriff »Kreuzzug« rasch wieder aus seinem Vokabular gestrichen.

Man hat auch behauptet, die amerikanische Politik im gesamten Nahen Osten diene den Interessen Israels und die Intervention im Irak sei ein erster Schritt zu einer Beilegung des Konflikts zwischen Israel und den Palästinensern gewesen. Wahr ist, dass die derzeitige Linie, die die israelische Regierung verfolgt, offenbar die uneingeschränkte amerikanische Unterstützung genießt, und es ist eine Tatsache, dass hochrangige Präsidentenberater wie Paul Wolfowitz oder Richard Perle zuvor für die Führer des Likud gearbeitet haben. Wahr ist ebenfalls, dass die amerikanische Führungsriege aus ihrer bedingungslosen Unterstützung der israelischen Regierung nicht unbeträchtlichen Nutzen auf internationaler Ebene zieht. Sie kann jede Kritik an ihrer Politik als antisemitisch brandmarken, einer der ehrenrührigsten Vorwürfe, der heute in einem westlichen Land erhoben werden kann. Dennoch dürfte die Vorstellung, die Politik der Vereinigten Staaten sei Resultat einer Intrige zu Gunsten eines anderen Staates, wohl eher eine Vorliebe für Verschwörungstheorien widerspiegeln. Auch wenn die amerikanische Regierung häufig den Eindruck vermittelt, sie wolle dem Beispiel des israelischen Premierministers Sharon folgen, der alle politischen

Probleme mit militärischer Gewalt zu regeln versucht, kann man doch getrost darauf vertrauen, dass sie in erster Linie die Interessen ihres eigenen Landes verfolgt.

Und wenn die ganze Intervention nun nur inszeniert wurde, um sich die irakischen Erdölreserven anzueignen und den Profit den amerikanischen Erdölgesellschaften zuzuschanzen, die von Freunden der derzeitigen Regierung geleitet werden? Diese Art der Erklärung bietet den rhetorischen Vorteil, dass die Regierung diskreditiert wird, indem man ihr niedrige materielle Beweggründe unterstellt, die sich hinter ihren großmütigen Reden verbergen. Sie lehnt sich an die vertraute marxistische These an, derzufolge das Sein das Bewusstsein bestimmt und die Ökonomie die Politik. Dieses Argument wurde hemmungslos von den Führern der ehemaligen kommunistischen Länder vorgebracht, die den Westen kritisierten und ihn beschuldigten, unter dem Deckmantel hehrer Prinzipien nur seine egoistischen Interessen zu verfolgen. Das Ganze hatte paradoxe Züge, denn dieselben Führer widerlegten durch ihre eigenen Taten die marxistischen Gesetze: Sie richteten die Wirtschaft ihres Landes zugrunde, um sich einem politischen Dogma zu beugen. In der gegenwärtigen Situation sind der Bedarf an Erdöl und die Profitgier keine hinreichende Erklärung. Der Krieg selbst kostet immens viel, die im Nachfeld nötige Besatzung ist ein ruinöses Unterfangen, und jeder Gewinn aus dem Erdölverkauf würde von vornherein durch die militärischen Ausgaben verschlungen. Gewiss verbrauchen die Vereinigten Staaten große Mengen an Erdöl, und es ist durchaus zu ihrem Vorteil, einen Teil der weltweiten Reserven zu kontrollieren, doch gelingt ihnen das auch ohne Krieg. Wir dürfen nicht vergessen, dass die Erdöl produzierenden Länder ihre Produkte auch verkaufen müssen, weil sie daraus den größten Teil ihrer Einnahmen beziehen. Die Interessen beider Seiten decken sich, ohne dass dazu ein Krieg nötig wäre.

Der amerikanischen Regierung wurden noch weitere unlautere Motive unterstellt. Es ist allseits bekannt, dass politische Führer, die ihrem Land zu einem militärischen Sieg verhelfen, sich großer Beliebtheit erfreuen. Ist Bush womöglich in den Irak einmarschiert, um seine Wiederwahl zu sichern? Es ist außerdem allseits bekannt, dass die Armee ihren Nutzen in den Augen der politischen Machthaber zu beweisen sucht, so wie die Waffenhersteller bestrebt sind, die Durchschlagskraft ihrer Produkte zu demonstrieren. Sollte der Krieg am Ende unter ihrem vereinten Druck ausgelöst worden sein, um die vorhandenen Waffen zu testen, Kredite für die Entwicklung neuer zu erhalten und zugleich aller Welt die Notwendigkeit eines üppigen Militärbudgets zu demonstrieren? Oder versuchte der Sohn Bush womöglich, auf einer persönlicheren und unbewussteren Ebene, seinem Vater zu beweisen, dass er es besser konnte als dieser? Oder wollte er sich für den Angriff vom 11. September rächen? All diese Beweggründe existieren sicherlich. Jeder wird versuchen, aus dem Krieg Nutzen zu schlagen: die Erdölgesellschaften und die Wiederaufbauspezialisten, die Waffenfabrikanten und sogar die Präsidentenberater, die auf eine Wiederwahl hoffen. Doch diese niederen Beweggründe sind keine hinreichende Motivation für die Kriegserklärung – kollektive Politik wird nicht einzig nach Maßgabe von Einzelinteressen entschieden. Es ist daher besser, auf die offiziellen Verlautbarungen zurückzukommen, die letzten Endes nicht nur der Kaschierung der Wahrheit dienen.

Abgesehen von seinen Behauptungen, Saddam verfüge über gefährliche Waffen und Beziehungen zu terroristischen Organisationen, hat der Präsident der Vereinigten Staaten seine Entscheidung immer doppelt gerechtfertigt: Er handle so, um den anderen die Freiheit zu bringen und die Sicherheit im eigenen Land zu gewährleisten. In seiner programmatischen Rede vom 26. Februar 2003 vor dem American Enterprise Institute verweist er mit Nachdruck auf den Nutzen, den der Gegner und darüber hinaus alle seine Nachbarn aus diesem Krieg ziehen könnten: »Ein befreiter Irak könnte zeigen, wie die Freiheit diese Region verwandeln kann.« Zugleich dient die Aktion dem nationalen Interesse, das in diesem Fall darin besteht, dafür zu sorgen, dass sich kein dezidiert amerikafeindliches Regime, das zur Produktion von Massenvernichtungswaffen imstande ist, langfristig halten kann. Der Präsident ist sich mit seinen Beratern in diesem doppelten Zweck einig. »Die Vereinigten Staaten kämpfen für eine gute und gerechte Sache: für die Freiheit eines unterdrückten Volkes und für die Sicherheit des amerikanischen Volkes.« Wer könnte etwas gegen solche Losungen vorbringen? Zudem scheinen beide Ziele Hand in Hand zu gehen. »Die Sicherheitsinteressen der Vereinigten Staaten und ihre Freiheitsliebe weisen in die gleiche Richtung.«

Es ist nicht verwunderlich, dass die führenden Politiker eines Landes dessen nationale Interessen verteidigen und sich infolgedessen mit Sicherheitsfragen befassen, schließlich wurden sie dafür gewählt. Ausgefallener ist schon der Wunsch, anderen Völkern die Freiheit zu bringen. Aus eben diesem Grund insistieren die Verfechter der aktuellen amerikanischen Politik so sehr darauf. Robert Kagan, einflussreicher Ideologe und Autor eines Werks mit dem Titel *Macht und Ohnmacht,* schreibt beispielsweise: »Und insofern die Amerikaner an die Macht glauben, sehen sie darin ein Mittel zur Förderung der Prinzipien einer freiheitlichen Gesellschafts- und Weltordnung.«[1] Angesichts dieser Behauptung muss man sich fragen: Gehen innere Sicherheit und die Freiheit der anderen tatsächlich immer Hand in Hand? Und: Müssen sie das überhaupt?

Befassen wir uns zunächst einmal mit den Fakten. Ist es wahr, dass der Wunsch, in anderen Ländern eine freiheitliche Demokratie zu errichten, die Außenpolitik der USA bestimmt hat und dass eine solche Politik zugleich immer in ihrem eigenen Interesse war? Die Antwort auf diese doppelte Frage ist negativ, das lässt sich wohl kaum bestreiten. In Lateinamerika beispielsweise hat sich die amerikanische Regierung lange Zeit mit Militärdiktaturen abgefunden – sofern sie nicht sogar selbst zu ihrer Errichtung beigetragen hat. Ganz offenkundig kam es keinem amerikanischen Präsiden-

---

1 Robert Kagan: Macht und Ohnmacht, S. 50.

ten zu dieser Zeit in den Sinn, einen Krieg vom Zaun zu brechen, nur um in dem einen oder anderen Land ein demokratischeres Regime zu etablieren. In Asien unterhalten die Vereinigten Staaten auch heute noch die besten Beziehungen zu Ländern wie Pakistan oder Saudi-Arabien, die wohl kaum als Inbegriff freiheitlicher Demokratien gelten dürfen. Und kann man etwa behaupten, dass die Haltung Amerikas gegenüber den Palästinensern einzig von der Sorge um die Freiheit dieses Volks und von den Prinzipien der freiheitlichen Zivilisation bestimmt ist?

Die Gründe, weshalb die Maxime von der »Freiheit für die anderen« verletzt wird, sind leicht zu erklären: Es ist nämlich keineswegs sicher, dass diese Freiheit auch die innere Sicherheit der Vereinigten Staaten erhöht und somit ihrem nationalen Interesse dient. Wenn Völker frei ihre Meinung äußern können, können sie auch eine feindliche Haltung gegenüber den Vereinigten Staaten einnehmen, ob diese nun berechtigt ist oder nicht. Betrachten wir zum Beispiel einige Staaten mit arabischer und muslimischer Bevölkerung wie Ägypten oder Jordanien. Wenn dort wirklich »das Volk« an die Macht käme, dann würde es womöglich eine weitaus weniger proamerikanische Politik betreiben als die derzeitigen Führer, die nicht zögern, die Bürgerrechte zu beschneiden und die Befugnisse der Polizei zu erweitern. Ist es nicht ein wenig naiv zu glauben, dass uns jedes Volk, das frei seine Meinung äußern kann, wohlgesonnen wäre? Und wenn das Volk ein anderes Ideal auf seine Fahnen schreiben würde? Wenn man dem algerischen Volk seinen Willen gelassen hätte, wäre das

Land eine islamische Republik geworden; dieser Fall ist nur dank der Intervention der Armee nicht eingetreten. In der Türkei liegt die Sache vielleicht nicht viel anders. In der heutigen Zeit steht man, wie schon der Schriftsteller Régis Debray bemerkte, häufig vor der Entscheidung zwischen islamistischen Demokratien (die dem Westen ablehnend gegenüberstehen) und weltlichen Diktaturen (die ihm positiv gegenüberstehen). Wenn es allerdings zu wählen gilt zwischen der Demokratie für die anderen und der eigenen Sicherheit, wird jeder sich für die eigene Sicherheit entscheiden.

Zwar sind diese beiden Ziele, Sicherheit und Freiheit, nicht prinzipiell unversöhnlich. Oft sind jedoch die Mittel, mit deren Hilfe beide realisiert werden sollen, nur schwer miteinander vereinbar. Der Schutz der eigenen Sicherheit erfordert häufig den Einsatz von Gewalt, also der Armee; die Freiheit, die einem Volk die uneingeschränkte Meinungsäußerung erlaubt, kann zur Errichtung einer freiheitlichen Demokratie führen. Nun passen jedoch der Einsatz von Bomben und eine liberale Gesinnung schlecht zusammen. Der politische Liberalismus wurzelt in der Forderung nach religiöser Toleranz. Er beginnt mit dem Verzicht darauf, anderen mit Gewalt den eigenen Glauben aufzuzwingen, selbst wenn man davon überzeugt ist, dass die eigene Religion die beste auf Erden ist. Die Idee des Liberalismus ist untrennbar verbunden mit der Anerkennung verschiedener Standpunkte, mit Lebenlassen und Laissez-faire. Sobald man aus Gründen der Sicherheit zu den anderen hingeht und ihnen ein Regime aufzwingt, das man selbst für das beste hält, wirft man die liberale Sichtweise über Bord und nimmt eine großherrschaftliche Perspektive ein. Der »liberale Imperialismus«, von dem Kagan spricht, ist letzten Endes ein Widerspruch in sich und als Begriff unter viele andere Ausdrücke einzureihen, die zum Vokabular der von Orwell demaskierten »Neusprache« gehören. Letzterer hätte sich gewiss nicht träumen lassen, dass das von ihm denunzierte Verfahren (»Krieg bedeutet Frieden«, »Freiheit bedeutet Sklaverei«) heute so viele Nachahmer finden würde, von den »humanitären Bomben« Vaclav Havels bis zum »barmherzigen Krieg« von Exgeneral Jay Garner oder zum »universalistischen Nationalismus« von Robert Kagan.

Es ist nicht wahr, dass diese beiden Ziele stets miteinander einhergehen noch dass sie die gleiche Priorität genießen. Das entscheidende Kriterium ist das nationale Interesse und damit im Zweifelsfall die innere Sicherheit. Die Errichtung eines freiheitlichen Regimes in einem anderen Land ist ein löbliches Unterfangen, solange sie dem Hauptziel dient, und ein schlechtes, wenn sie ihm nicht dient. Die amerikanische Regierung rückt die »Befreiung des irakischen Volks« deshalb so stark in den Vordergrund, weil die Sprache der Tugend in den Augen aller der der Gewalt überlegen ist. Niemand wusste das besser als die Sowjetunion, die stets behauptete, für die Freiheit der Unterdrückten und den Frieden zwischen den Völkern zu kämpfen. Hehre Ideale sind eine fürchterliche Waffe, die nicht einmal der Führer der mächtigsten Armee der Welt außer Acht lassen kann. Sie erfüllen die eigene Truppe mit Begeisterung, schwächen den Widerstand des Feindes und helfen, die Sympathien Dritter zu gewinnen.

Dennoch zeugt es nicht notwendig von Heuchelei, wenn man sich diese Ideale aufs Banner schreibt. Das Regime von Saddam Hussein war in der Tat eine abscheuliche Diktatur, deren Fall heute niemand bedauert. In diesem speziellen Fall gab es keinen Konflikt zwischen der eigenen Sicherheit und der Freiheit für die anderen. Nur ist es schlicht und ergreifend besser, die Dinge beim Namen zu nennen und die wahren Prioritäten zu formulieren, als sich an schönen Formulierungen zu berauschen, wenn man über politische Grundsätze diskutieren will. Die Verteidigung nationaler Interessen und der eigenen Sicherheit hat nichts Anstößiges an sich; umso besser, wenn sie mit der Förderung freiheitlicher Regierungen anderswo zusammenfällt. Was die amerikanische Außenpolitik heute charakterisiert, ist aber nicht die schlichte Verfolgung dieser Ziele; es sind vielmehr die Mittel, die zu deren Erreichung als legitim angesehen werden, nämlich eine militärische Intervention, die sich nicht auf das Recht auf Selbstverteidigung berufen kann: der so genannte Präventivkrieg.

Die Neofundamentalisten

Es ist folglich nicht erwiesen, dass die Außenpolitik der Vereinigten Staaten sich immer am Ideal der Demokratie orientiert. Manchmal jedoch tut sie das, und dieses Argument besitzt große Überzeugungskraft. Muss man ein Land, das sich erklärtermaßen für den Sturz der Tyrannen, die Errichtung einer Demokratie und die Verteidigung der Menschenrechte einsetzt, nicht bewundern und unterstützen?

Die Ideologen des amerikanischen Staates haben oft behauptet, ihr Land – das Äquivalent zum »auserwählten Volk« der Bibel – sei dazu berufen, das Gute in die Welt zu tragen. George Kennan, der geistige Vater von der Politik der »Eindämmung« gegenüber der UdSSR, sprach von den »Verantwortlichkeiten der moralischen und politischen Führung ... die die Geschichte ihnen ganz offensichtlich auferlegte«.[2] Die Geschichte hat offenbar Gott abgelöst und ist damit zu Plänen und Absichten fähig. Durch welches Zeichen aber offenbart sie diese? Indem sie den Vereinigten Staaten eine

2 Robert Kagan: Macht und Ohnmacht, S. 111.

Übermacht über die anderen Länder beschert: So verwandelt sich Stärke unmerklich in Recht.

In der offiziellen Verlautbarung, die das Weiße Haus am 20. September 2002 verbreitete, der *Nationalen Sicherheitsstrategie,* führte Präsident Bush die Natur dieser »Berufung« genauer aus: »Die Menschheit hat jetzt die Möglichkeit, den Triumph der Freiheit über all diese Widerstände voranzutreiben. Die Vereinigten Staaten begrüßen ihre Verantwortung, bei dieser großartigen Mission eine führende Rolle zu spielen.« Doch die Schlussfolgerungen, die er daraus zieht, sind neu: Es gilt nun, von der Verteidigung zum Angriff überzugehen. »Wir sind entschlossen«, fährt er fort, »die Achtung vor der Würde des Menschen, die Freiheit der Religionsausübung und die Gewissensfreiheit zu fördern.« Die Förderung eines so hehren Ziels rechtfertigt den Einsatz aller Mittel, insbesondere des Kriegs.

In welchem gedanklichen Kontext ist dieses politische Projekt anzusiedeln? Es heißt oft, das Programm George W. Bushs, oder zumindest dieser Teil seines Programms, werde durch eine Gruppe von Neokonservativen ausgearbeitet. Doch der Begriff »konservativ« trifft den Sachverhalt nicht im Geringsten, wie einer seiner Vertreter im Übrigen bereits bemerkt hat: »Die Neokonservativen wollen keinesfalls die bestehende Ordnung verteidigen, die auf Hierarchie, Tradition und eine pessimistische Sicht der menschlichen Natur gegründet ist« (Francis Fukuyama im *Wall Street Journal* vom 24. September 2002). Vielmehr glauben diese Vordenker an die Möglichkeit, den Menschen und die Gesellschaft radikal zu verbessern, und engagieren sich aktiv in diesem Prozess. In diesem Fall verdienen sie jedoch nicht die Bezeichnung konservativ. Eine treffendere Bezeichnung wäre Neofundamentalisten: Fundamentalisten, weil sie sich auf ein absolutes Gutes berufen, das sie allen aufzwingen wollen, und neo-, weil dieses Gute nicht mehr von Gott gestiftet ist, sondern von den Werten der freiheitlichen Demokratie bestimmt wird.

Keiner dieser beiden Bestandteile ist wirklich neu, ihre Kombination hingegen ist ein Novum. Die Fundamentalisten glauben an absolute Werte und lehnen infolgedessen den allgegenwärtigen Relativismus, die von den Multikulturalisten geübte Nachsicht gegenüber den Entgleisungen der Demokratie und den Jargon der »Political Correctness« ab. Da sie aber gerade nicht konservativ sind, wollen sie ihr Ideal mit Gewalt in der Welt verbreiten. So besehen erwecken sie den Geist der »permanenten Revolution« zu neuem Leben. Diese Komponente ihres Denkens findet ihren Ursprung in der antistalinistischen, revolutionären Linken; Daniel Cohn-Bendit hat folglich zugleich Recht und Unrecht, wenn er diese Ideologen als »Bolschewiken« bezeichnet. Zwar stehen sie dem bolschewistischen oder stalinistischen Ideal sehr kritisch gegenüber, zugleich aber haben sie die Denkstruktur linker Aktivisten übernommen: Die Welt muss von Grund auf umgestaltet werden, ihre Probleme müssen ein für alle Mal, notfalls mit Waffengewalt, gelöst werden, und die Freiheit muss siegen. Es ist kein Zufall, dass man unter ihnen, ob in den Vereinigten Staaten oder in Frankreich, zahlreiche ehemalige Trotzkisten oder Maoisten findet: Hier wie dort manifestiert sich das gleiche interventionistische Denken, das gekennzeichnet ist durch die Weigerung, die Mängel dieser Welt passiv hinzunehmen, und der gleiche Hang zur Gewalt und zu einer internationalistischen Sichtweise.

Zuletzt manifestierte sich diese Denkart im 20. Jahrhundert durch den Export der kommunistischen Revolution, bei Bedarf mit tatkräftiger Unterstützung der Roten Armee – auch wenn das dabei verbreitete Ideal ein ganz anderes war. Allerdings trat besagte Denkart dabei nicht zum ersten Mal in Erscheinung. Im 19. Jahrhundert überzogen europäische Mächte wie Frankreich und Großbritannien weite Regionen der Erde mit Kolonialkriegen und rechtfertigten diese mit der Idee, man müsse das Gute in die ganze Welt tragen. Dieses Gute war damals gleichbedeutend mit der so genannten »Zivilisation«; in ihrem Namen errichteten die Kolonisatoren ihre Herrschaft über die Länder Afrikas und Asiens. Noch früher setzten Napoleons Regimenter die Ideale der französischen Revolution – Freiheit, Gleichheit, Brüderlichkeit – mit den Spitzen ihrer Bajonette durch. Das Ideal und die Macht bürgt dabei jeweils wechselseitig füreinander.

Blickt man weiter zurück in der Geschichte, so war diese Verknüpfung die Grundlage der theologisch-politischen Ordnung. Diese beiden Elemente waren unauflösbar miteinander verbunden: Das Königtum bezog seine Legitimation aus dem göttlichen Recht, das Religionsgesetz begründete das menschliche Gesetz. In der christlichen Tradition gilt dies besonders für gewisse messianische und millenaristische Ketzerbewegungen, die die unmittelbar bevorstehende Ankunft des Paradieses auf Erden verkünden und alle Mittel, um dies zu beschleunigen, für rechtens erklären. Diese millenaristischen Strömungen sind in die kommunistischen Utopien eingegangen, wobei sich ihr Endziel verändert hat. Das Gleiche gilt für die aktuellen millenaristischen Vorstöße: Sie haben nicht etwa zum Ziel, ein Leben in Christus zu verwirklichen, sondern einen Wertekanon, der von den Vereinigten Staaten verkörpert wird, das heißt, eine Spielart der freiheitlichen Demokratie.

Die Denkweise, die hinter diesem Aspekt der amerikanischen Außenpolitik steht, ist folglich weder konservativ noch liberal (weil sie auf Einheitlichkeit dringt, anstatt die Vielfalt bestehen zu lassen). Kann man sie demokratisch nennen? In der Vergangenheit haben sich demokratische Staaten darauf berufen, Länder wie Großbritannien und Frankreich haben sich diese Ideologie bei ihren Kolonialfeldzügen zu Nutze gemacht. Folglich ist eine solche Denkweise in einer Demokratie möglich, aber ist die Kombination der beiden deshalb gelungen? Tatsächlich konnte die Idee der Demokratie sich gerade in dem Maße durchsetzen, wie die Einheit von Religion und Politik auseinanderbrach. Dieser Bruch, der von den Philosophen der Renaissance und des Humanismus gefordert wurde, schlägt sich zunächst in der Schaffung der ersten Demokratien in den Vereinigten Staaten und in Frankreich nieder, um schließlich zur endgültigen Trennung von Kirche und Staat zu führen. Welche Bedeutung hat er? Ein Individuum glaubt vielleicht, es führe ein weitaus tugendhafteres Leben als sein Nachbar; dennoch hat es in einer Demokratie nicht das Recht, dem anderen mit Gewalt den eigenen Lebensstil aufzuzwingen. Der Staat stellt den Frieden unter seinen Bürgern sicher, er legt eine Grenze fest, die nicht überschritten werden darf (die Grenze zum Vergehen oder Verbrechen), aber er formuliert kein Ideal, dem sich alle verschreiben müssen. In diesem Sinne ist die Demokratie kein »tugendhafter« Staat.

Diese Trennung findet sich auf internationaler Ebene wieder, auch wenn sie dort eine andere Gestalt annimmt. Ein Volk mag glauben, dass sein Gott dem des Nachbarvolks überlegen ist, dass es selbst und nicht der Nachbar das wahre Gute kennt; dennoch verzichtet es darauf, ihm den Krieg zu erklären, um ihm dieses Gute aufzuzwingen. Demokratie bedeutet, dass jedes Volk souverän ist, dass es folglich auch das Recht hat, selbst zu definieren, was gut ist, und ihm diese Definition nicht von außen aufoktroyiert wird. Wenn die westlichen Mächte im Namen der Demokratie, die sie angeblich verkörpern, ihre Kolonialkriege führen, dann strafen die eingesetzten Mittel das proklamierte Ziel Lügen. Wie kann man »die Würde des Menschen fördern«, wenn man den anderen nicht selbst die Entscheidung über ihr Schicksal lässt? Wenn man anderen die Freiheit aufzwingt, dann unterjocht man sie, wenn man ihnen Gleichheit aufzwingt, dann behandelt man sie als minderwertig.

Das Ideal der freiheitlichen Demokratie wiederum ist nicht mit dem Konservatismus zu verwechseln. Es ist wahr, dass die freiheitliche Demokratie darauf verzichtet, die Gegenwart der Zukunft zu opfern, abstrakte Werte auf Kosten von Individuen zu fördern und individuelle Tote durch hehre Ziele zu rechtfertigen, denen sie angeblich dienen (Stichwort »humanitäre Bomben« oder »Kollateralschäden«), weil sie nicht danach streben, hic et nunc das Paradies zu errichten und endgültig über ihre Feinde zu triumphieren. Dennoch beschränkt sich ihr Ideal keinesfalls darauf, die Welt resignierend hinzunehmen, wie sie ist, und sich gelassen mit ihrer Beobachtung zu begnügen. Die Demokratie ist der Feind der Tyrannen, doch versucht sie diese mit anderen Mitteln zu bekämpfen als die Neofundamentalisten: indem sie sie öffentlich anprangert, die Rechtmäßigkeit ihrer Herrschaft bestreitet, ihre Länder aus dem Kreis der Nationen ausschließt sowie alle erdenklichen diplomatischen, politischen oder wirtschaftlichen Initiativen gegen sie ergreift.

Die Wahl dieser Strategie – Verhandlung anstelle von Intervention, Eindämmung statt Besetzung des feindlichen Territoriums – hat ihre Nachteile. Sie führt langsamer zum Ziel und krönt ihre Verfechter nicht mit dem Glorienschein des Heldentums. Dennoch: Wenn man das gleiche Ziel auf zwei Wegen erreichen kann – schnell durch Gewalt oder langsam ohne sie –, dann ist unter demokratischen Gesichtspunkten der langsamen Variante der Vorzug zu geben. Es ist besser, den Irak in vier Monaten ohne Todesopfer zu entwaffnen, als ihn in vier Wochen zu entwaffnen und dabei Tausende von Menschen zu töten.

Dieses Prinzip bestimmte das Vorgehen der westlichen Länder gegenüber Staaten, die sie verurteilten, wie Südafrika oder in den vergangenen Jahrzehnten auch die Sowjetunion.

Inwiefern hat die amerikanische Regierung zum Sturz der Letzteren beigetragen? Reagan war nicht von der Politik der Eindämmung gegenüber dem »Reich des Bösen« abgewichen, er hatte nur zusätzlich ein Wettrüsten initiiert, das die strukturelle Schwäche des kommunistischen Staates entlarvte. Er hat also den Sieg errungen, ohne ein einziges Mal zu feuern.

Man muss den Sinn dieses Vorhabens, allen Tyrannen und allen Ungerechtigkeiten den Krieg zu erklären, nicht nur in Zweifel ziehen, weil es unmöglich zu verwirklichen ist (die Aufgabe ist übermenschlich) oder weil es einen permanenten Kriegszustand zur Folge hätte und damit zur Verstärkung sämtlicher Armeen und Polizeikräfte der Welt führen würde (ein sonderbarer Effekt des Kampfes für die Freiheit). Der große russische Schriftsteller Wassilij Grossman, ein bedeutender Analytiker des Totalitarismus im 20. Jahrhundert, stellt fest: »Dort wo das Gute auftaucht, sterben Alte und Junge und Blut wird vergossen.«[3] Warum muss man darauf verzichten, das vermeintlich Gute mit Gewalt durchzusetzen? Weil die Gefahr zu groß ist, dass dadurch mehr Leid als Freude entsteht. Ein edles Ziel rechtfertigt keine gemeinen Mittel. Die Versuchung durch das Gute hat unendlich viel mehr Opfer gefordert als die Versuchung durch das Böse. Deshalb sprach sich Grossman dafür aus, lieber die Güte als das Gute zu pflegen, sich um Individuen zu sorgen statt um Abstraktionen; und unter diesem Aspekt sind »Demokratie«,

---

3 Wassilij Grossman: Leben und Schicksal, S. 428.

»Freiheit« und »Wohlstand« nicht mehr wert als »Revolution«, »Kommunismus« und »klassenlose Gesellschaft«. Bewundernswerte Ideale reichen nicht aus, um der Menschheit das Glück zu bringen. Denn während man für sie eintritt, »sterben Alte und Junge und Blut wird vergossen«.

Die Innen- und die Außenpolitik einer freiheitlichen Demokratie bedienen sich nicht der gleichen Mittel. Nach innen kann der Staat auf Zwang und Gewalt (auf die Polizei) zurückgreifen, um seine Macht zu erhalten oder der Gerechtigkeit zum Sieg zu verhelfen. Anderen Ländern gegenüber verzichtet er zwar nicht ganz auf Gewalt, doch er bedient sich ihrer nur, um seine Unantastbarkeit zu sichern und seine Bürger zu schützen, nicht um allen eine vermeintlich ideale Ordnung aufzuzwingen. Darin besteht der Unterschied zwischen Demokratien und totalitären Staaten (oder anderen Verkörperungen der Einheit von Theologie und Politik): Erstere setzen ihre Streitkräfte als legales Mittel der Selbstverteidigung ein, Letztere, um die Welt zu verändern. Für die Vollkommenheit des anderen zu kämpfen gehört nicht zum Kanon der demokratischen Moral. Der Vergleich der aktuellen Kriege mit dem gegen Nazideutschland oder Japan ist unzulässig, weil diese beiden Länder andere angegriffen hatten, die absolut das Recht hatten, sich mit Waffengewalt zu verteidigen. Dass die Vereinigten Staaten nach dem Sieg über Deutschland und Japan mitgeholfen haben, in diesen Ländern eine Demokratie zu errichten, gereicht ihnen sehr zur Ehre, aber sie hatten den Krieg nicht zu diesem Zweck begonnen.

Deshalb ist auch das in jüngster Zeit so beliebte Schlagwort vom »Recht auf Einmischung« mit dem Geist der Demokratie unvereinbar. Der Krieg im Irak folgt in dieser Hinsicht direkt der Logik der gewaltsamen Intervention im Kosovo, in deren Zusammenhang dieser Begriff bei den Militärs aufgetaucht ist. Der einzige Unterschied zwischen beiden besteht darin, dass die Interventionstruppen 1999 in Jugoslawien sich damit begnügten, eine Provinz der Kontrolle der Zentralregierung zu entziehen, ohne indes den Sturz derselben zu verlangen, während im Irak des Jahres 2003 der Rücktritt der Regierung gefordert wurde. Diejenigen, die ein »Recht auf Einmischung« beanspruchen, berufen sich nur allzu gerne auf die Demokratie – doch sie tun dies um den Preis einer unannehmbaren Bedeutungsverschiebung. Zu Beginn stand der Begriff »Einmischung« in einem humanitären Kontext. Kein Land fühlt sich in seiner nationalen Souveränität bedroht, wenn jemand die Initiative ergreift, um den Verletzten und Notleidenden dort zu helfen. In einem zweiten Schritt wurde die Forderung erhoben, die humanitären Helfer müssten militärisch geschützt werden. Schließlich folgte der dritte Schritt, der klar im Widerspruch zum ursprünglichen Zweck steht: Man rechtfertigt einen Militärangriff mit der beklagenswerten humanitären Lage und tut so, als bestünde der Haupteffekt des Krieges darin, dass den Menschenrechten Geltung verschafft wird. Auf diese Weise gelangt man schließlich zur Meisterschöpfung der »Neusprache«, zum »humanitären Krieg«.

Bedeutet dies, dass eine Militärintervention, sowie man eine demokratische Perspektive einnimmt, einzig und allein im Kontext des Rechts auf Selbstverteidigung legitim ist? Nein, sie ist es auch im Extremfall des Genozids, nicht auf Grund eines eingebildeten und selbst angemaßten Rechts auf Einmischung, sondern auf Grund der Verpflichtung zur Menschlichkeit; Quantität schlägt hier um in Qualität. Wenn eine bedeutende Gruppe der Menschheit ausgelöscht wird, dann betrifft uns das alle, auch wenn wir ihr nicht angehören. Indes kommt glücklicherweise nicht jede Verletzung der Menschenrechte einem Genozid gleich, noch ist jeder Tyrann ein Hitler. Es ist besser, das Gespenst des Nazidiktators ruhen zu lassen und es nicht zu Vergleichen zu missbrauchen, die eher irreführend als erhellend sind. Das Gesetz des unbeteiligten Dritten gilt nicht im politischen Bereich, und militärische Nichteinmischung bleibt möglich. Die demokratischen Staaten sind nicht wirklich gezwungen, zwischen München (feige Kapitulation) und Dresden (tödlicher Bombenhagel) zu wählen.

Die Schwachpunkte des Imperiums

Das Bestreben, eine Demokratie zu errichten, kann keine Rechtfertigung für einen Krieg sein. Sie ist nicht nur an und für sich unzureichend, sondern allzu häufig dient dieses Argument zudem nur als Köder, hinter dem sich ein gängigeres Motiv verbirgt, nämlich das nationale Interesse. Dieses gilt allerdings zu Unrecht als unlauter, denn seine Verteidigung ist die vorrangige Pflicht einer jeden Regierung. Darin unterscheidet sich auch die Außenpolitik der Vereinigten Staaten nicht von der anderer Länder, sie weist jedoch zwei besondere Merkmale auf. Erstens verfolgt dieses Land auf dem gesamten Erdball eigene Interessen, und zweitens ist es bereit, zu ihrer Verteidigung, ohne lange zu zögern, seine militärische Macht einzusetzen. Die Verbindung dieser beiden Elemente führt zu der häufig geäußerten Behauptung, die Vereinigten Staaten betrieben eine imperialistische Außenpolitik.

Das Adjektiv »imperialistisch« gilt schon seit geraumer Zeit als Beleidigung, und keiner mag sich gerne damit schmücken. Wie Raymond Aron in einem Essay aus dem

Jahr 1959 bemerkte, werden immer nur *die anderen* auf diese Weise qualifiziert. Imperialismus sei eine Bezeichnung, die ein Konkurrent oder Außenstehender der Diplomatie einer Großmacht verleihe. Die betroffene Macht hingegen wird immer versuchen, ihre Zugehörigkeit zu dieser verfemten Gruppe zu leugnen, aber dieses Leugnen kann nicht jeden Zweifel ausräumen. Wohlgesetzte Worte genügten nicht, um die Herrschaft des Rechts zu gewährleisten, fährt Aron fort, vielmehr festigten sie die Herrschaft der Heuchelei. Mittlerweile träten die Imperialisten maskiert auf und verkündeten als Befreiung, was man in anderen Jahrhunderten Unterdrückung genannt habe.[4]

Welche Bewandtnis es auch immer mit dem Begriff »imperialistisch« hat, die Politik der Vereinigten Staaten ist auf Grund der beiden erwähnten Charakteristika zumindest unbestreitbar imperial. Allerdings hat Imperialpolitik viele Gesichter. Der französische oder britische Kolonialismus des 19. Jahrhunderts etwa stellte eine Variante davon dar, charakterisiert durch die Errichtung einer expliziten Hierarchie zwischen Metropole und Kolonie; die Annexionspolitik der UdSSR im 20. Jahrhundert, die dem ursprünglichen Staat neue Territorien einverleibte, verkörperte eine andere. Das amerikanische Imperium gleicht weder der einen noch der anderen, die Vereinigten Staaten besetzen keine fremden Länder, noch versuchen sie, diese zu annektieren. Sie begnügen sich mit der Forderung, dass ihre Regierungen ihnen we-

---

4 Vgl. Raymond Aron: Zwischen Macht und Ideologie.

der auf politischer noch auf ökonomischer Ebene feindselig gegenüberstehen. Am besten beschreibt vielleicht der Begriff »Hegemonie« diesen Typus imperialer Strategie.

Wann wurde diese Wahl getroffen? Jedes große Land versucht, seinen Einflussbereich auszudehnen, und die Vereinigten Staaten waren seit ihrer Gründung ein großes Land. Allerdings haben einige Ereignisse in jüngster Zeit zu einer weiteren Stärkung ihrer Rolle beigetragen und ihnen einen Sonderstatus unter den großen Nationen verschafft. Der erste Schritt dorthin wurde während des Zweiten Weltkriegs vollzogen, als die alten europäischen Mächte – Deutschland, Frankreich und Großbritannien – im Wettstreit mit den Vereinigten Staaten von ihrem Platz verdrängt und auf einen niedrigeren Rang verwiesen wurden. Die nächste Stufe wurde mit dem Zerfall des ehemaligen Konkurrenten, der Sowjetunion, erreicht. Nun stehen die Vereinigten Staaten nicht nur konkurrenzlos in ihrer Machtposition da, sie beschließen außerdem einige Jahre nach dem Fall der Mauer, die Dividenden des Friedens, wie man so schön sagt, nicht anzutasten, also nicht von dem fehlenden Rüstungswettlauf zu profitieren, um ihren Reichtum auf der Stelle zu genießen. Vielmehr wird das Militärbudget unter der Präsidentschaft Clintons praktisch verdoppelt, so dass die militärische Übermacht Amerikas von keinem mehr angetastet werden kann.

Der dritte und letzte Schritt zu dem, was manche eine »Hypermacht« nennen, wurde nach den terroristischen Attentaten des 11. September 2001 vollzogen. Bis zu diesem Zeitpunkt konnten die Vereinigten Staaten sich der Illusion hingeben, ihre militärische Überlegenheit allein genüge bereits, um Respekt einzuflößen, und niemand hätte den Mut, sie anzugreifen. Sie hatten dabei nicht einkalkuliert, welche Gefahr von einzelnen Terroristen ausgeht, die bereit sind, auch ihr Leben zu opfern. Wer mit seinem Leben abgeschlossen hat, hat nichts mehr zu verlieren und muss keinen Gegenschlag fürchten. Die Entdeckung ihrer Verwundbarkeit hat die Vereinigten Staaten veranlasst, ihrer Militärdoktrin ein weiteres Kapitel hinzuzufügen, das den Titel »Präventivkrieg« trägt und in ihren Augen das einzig wirksame Mittel zur Verhinderung terroristischer Attentate darstellt. Tatsächlich ist der Irakkrieg die direkte Folge dieser Entscheidung.

Die neue Doktrin wurde unter dem Titel *Nationale Sicherheitsstrategie* vom 20. September 2002 festgeschrieben. Darin nehmen die Vereinigten Staaten für sich das Recht in Anspruch, einen Schlag gegen potenzielle Feinde, Terroristen oder Staaten, die den antiamerikanischen Terrorismus unterstützen, auszuführen, auch wenn Zeitpunkt und Ort des zukünftigen feindlichen Angriffs ungewiss sind. Die Einführung dieses neuen Begriffs, des Präventivkriegs, ist eine wahre Neuerung im modernen internationalen Zusammenleben. Zwar haben die Großmächte sich immer schon in die Angelegenheiten kleiner Staaten eingemischt, doch nie zuvor wurde die einseitige Entscheidung für einen Krieg auf Grund eines nur denkbaren Angriffs zum Handlungsprinzip erhoben. Der amerikanische Senator Robert Byrd hatte also Recht, als er in diesem Zusammenhang von einer »Kehrtwende in der

Außenpolitik der Vereinigten Staaten«, von einer »radikal neuen Interpretation der Idee der Selbstverteidigung« und von einer »revolutionären Doktrin der Prävention« sprach (Rede vor dem amerikanischen Senat vom 12. Februar 2003).

Man könnte eine Politik, die sich einzig und allein auf ihre Machtüberlegenheit stützt, unmoralisch finden. Doch moralische Urteile sind hier fehl am Platz. Man darf Politik nicht mit Moral verwechseln, vielmehr muss sie im Lichte ihrer eigenen Kriterien beurteilt werden. Die wahre Frage, die die amerikanische Regierung sich stellen muss, lautet daher: Ist das Streben nach weltweiter Hegemonie mit Hilfe von Präventivkriegen wirklich das beste Mittel, um unsere Sicherheit zu gewährleisten und unser nationales Interesse zu verteidigen? Kann Frieden durch Herrschaft die Grundlage für die stabilste und amerikafreundlichste internationale Ordnung schaffen, die vorstellbar ist? An der militärischen Intervention gegen den Irak im Jahr 2003 als erstem bedeutendem Beispiel dieser Strategie lassen sich die Folgen des Krieges in der realen Welt, fern von Expertengremien, beobachten. Es ist in der Tat nicht klug, eine Doktrin einzig auf der Basis spekulativer Überlegungen zu positiv zu bewerten oder zu verwerfen.

Wird dieser Krieg die gewünschten Wirkungen zeitigen? Sein erklärtes Ziel war der Sturz der Diktatur und die Errichtung der Demokratie. Der erste Teil des Programms wurde zur Freude der irakischen Emigranten und eines großen Teils der Bevölkerung sehr schnell in die Tat umgesetzt. Der zweite Teil erwies sich als komplizierter. Man muss sagen, dass diesem Projekt insofern von Anfang an etwas Naives anhaftete, als dabei die irakische Gesellschaft wie ein unstrukturiertes Gemenge betrachtet wurde, in dem man nach Lust und Laune ein neues politisches Regime einsetzen konnte, so wie man ein neues Produkt auf einem Markt einführt. Man muss freilich kein professioneller Soziologe sein, um zu wissen, dass man ein politisches Regime nicht losgelöst vom Rest der gesellschaftlichen Struktur betrachten kann. Die Gesellschaft bildet ein Ganzes mit wechselseitig voneinander abhängigen Elementen. Die Ergebnisse einer neuen Maßnahme hängen nicht nur von den ihr immanenten Eigenschaften ab. Wenn man allein die medizinische Versorgung deutlich verbessert, ohne sonstige Faktoren zu verändern, dann ist das Resultat eine abrupte Steigerung der Geburtenrate, welche wiederum Landflucht und soziale Spannungen zur Folge hat. Wenn man die Grenzen für Industrieprodukte öffnet, dann zerstört man damit die lokale Subsistenzwirtschaft und fördert das Abgleiten von der Armut ins Elend. Wenn man einer traditionellen Gesellschaft demokratische Regeln aufoktroyiert, sind die Folgen ungewiss. Die Vorzüge einer jeden Regierungsform sind nicht von ihren Nachteilen zu trennen; pfropft man sie einfach von außen auf, so besteht die Gefahr, dass die Nachteile die Vorzüge überwiegen.

Das war 2001 in Afghanistan und 2003 im Irak zu beobachten. Das Regime der Taliban verdiente gewiss unsere Missbilligung, doch sein Sturz führte nicht zur Schaffung einer Demokratie nach amerikanischem Vorbild, und das war auch gar nicht möglich, denn es fehlten alle erforderlichen Komponenten einer freiheitlichen Gesellschaft. In einem großen Teil des Landes ging die Macht aus den Händen der Taliban in die lokaler Kriegsfürsten über; es ist nicht sicher, dass das alltägliche Leben der Afghanen und selbst der Afghaninnen sich verbessert hat. Im Irak hat der Sturz der Diktatur ein Machtvakuum hinterlassen, das die siegreiche amerikanische Armee nicht ausfüllen konnte. Es folgte eine Phase der Unsicherheit und der Plünderungen, in der sich die Lage der Bevölkerung noch verschlimmert hat. Diese Verkettung der Ereignisse ist nicht weiter überraschend: Viel schlimmer als ein schlechter Staat ist bekanntlich das Fehlen jeglicher staatlichen Autorität. Anarchie ist schlimmer als Tyrannei, denn sie ersetzt die Willkür des Einzelnen durch die Willkür aller.

Selbst wenn am Ende eine demokratische Regierung eingesetzt werden sollte, so gibt es weder eine Garantie dafür, dass sie eine freiheitliche Ordnung verteidigt noch dass sie die Freiheit aller Individuen schützt. Dass die Macht in den Händen des Volkes liegt, ist keinerlei Gewähr dafür, dass sie gut ist: Das »Volk« kann beispielsweise beschließen, dass die Frauen zu Hause eingesperrt werden oder dass vorbehaltlos zu Mitteln wie Todesstrafe und körperlichen Züchtigungen gegriffen wird. Nach dem Willen des Volkes kann eine islamische Republik ausgerufen werden, doch eine so verstandene Demokratie wäre kaum der gesamten Bevölkerung zuträglich.

Auch das Beispiel des Kosovo, das in diesem Zusammenhang gerne angeführt wird, ist nicht sehr überzeugend. Zwar war es das erklärte Ziel der Intervention, die ethnische »Säuberung« zu verhindern (der angekündigte Genozid war nur ein Propagandamittel und keine echte Bedrohung), doch ihre Folge war genau deren endgültige Etablierung: Alle Serben auf die eine Seite, alle Albaner auf die andere, und keine der beiden Gruppen wagte sich noch auf das Territorium des Nachbarn. Anstelle der Tyrannei sollte eine Demokratie errichtet werden; doch im Endeffekt entstand ein von diversen Mafiaorganisationen beherrschtes Gebiet, das heute die Drehscheibe der Prostitution und des Drogenhandels in Europa bildet. »In Ermangelung einer öffentlichen Ordnung, einer Polizei und Gerichtsbarkeit ist der Kosovo zum idealen Schauplatz für Verbrechen aller Art geworden«, schreibt der kosovarische Journalist Veton Surroi (*Courrier international*, 25. April – 1. Mai 2003). Die Arbeitslosenquote liegt bei neunzig Prozent; die Provinz lebt hauptsächlich von europäischen Subventionen. Die Verfolgungen der albanischsprachigen Bevölkerung durch die jugoslawische Zentralregierung haben ein Ende genommen, das ist unbestreitbar; aber stellt die Transformation der Provinz in ein UNO-Protektorat, das von internationalen Finanzhilfen abhängig ist, wirklich ein Modell für die Regulierung von ethnischen Spannungen dar? Sofern das Ziel der Intervention am Ende nicht ein ganz anderes gewesen ist, wie es der ehemalige NATO-Kommandant General Wesley Clark heute formuliert: »Kein Einzelziel und kein Gesamtziel war so wichtig wie der Zusammenhalt der NATO«.[5] Dann allerdings kann man nicht

---

5 Wesley Clark: Waging Modern War, S. 430.

umhin, sich zu fragen: Rechtfertigt die Erhaltung einer Institution, und sei es die der NATO, das Opfer von Menschenleben?

Ein Präventivkrieg, der nicht auf Grund eines realen Angriffs, sondern auf Grund eines diffusen Gefühls der Unsicherheit ausgelöst wird, beruht notwendigerweise auf einer parteiischen und subjektiven Einschätzung. Das Beispiel der Vereinigten Staaten könnte womöglich Schule machen. Wenn man akzeptiert, dass ein Land ein anderes allein auf der Basis seiner Einschätzungen angreift, dann öffnet man einem permanenten Krieg aller gegen alle Tür und Tor. Es ist wahr, dass jede Tyrannei verabscheuungswürdig ist. Zahlreiche Afghanen gestern und Iraker heute, innerhalb wie außerhalb des Landes, wünschten eine Intervention von außen herbei, um die verhassten Machthaber zu verjagen. Waren sie aber auch bereit, alle Folgen ihrer Haltung zu tragen? Stellen wir uns vor, sie selbst seien morgen die Führer einer neuen Regierung: Werden sie dann akzeptieren, dass das Schicksal ihres Landes woanders entschieden wird? Dass fremde Mächte sie absetzen, wenn ihre Politik ihnen nicht mehr gefällt? Anders gesagt, sind sie bereit, sich morgen einem Gesetz zu unterwerfen, das sie beeinträchtigt – demselben Gesetz, das ihnen heute zum Vorteil gereicht?

Das zweite Ziel dieses Krieges war der Sieg über den Terrorismus und damit die Stärkung der nationalen Sicherheit. Kann man sagen, dass es erreicht wurde? Der Afghanistankrieg hat ganz gewiss die unmittelbare Bedrohung durch terroristische Angriffe verringert; die Verbindung zwischen dem irakischen Regime und den islamistischen Netzwerken war freilich weitaus problematischer. Man muss vor allem sagen, dass ein traditioneller Krieg – mit Bombardierungen, Zerstörung und Besatzung – kein geeignetes Mittel im Kampf gegen den neuen Feind ist. Die Vereinigten Staaten haben in gewisser Weise Glück gehabt, dass ein Land – nämlich Afghanistan – sich mit dem Terrornetzwerk solidarisch erklärt hat, dadurch wurde ein traditioneller militärischer Gegenschlag möglich. Diese Art, die Verantwortung für die Attentate zu übernehmen, die ein weiteres Mal die politische Dummheit der Aggressoren veranschaulicht, welche lieber »den starken Mann markieren« als »spurlos von der Bildfläche zu verschwinden«, dürfte sich indes in Zukunft kaum wiederholen, und das wird den Kampf gegen terroristische Attentate weitaus schwieriger machen. Das Problem wurzelt darin, dass die Aggression von Individuen begangen wird, die kein fest umrissenes Territorium haben. Der technologische Fortschritt hat es möglich gemacht, dass gefährliche Waffen auch in die Hände einzelner Personen gelangen und nicht nur in die von Staaten. Diese Personen können sich ohne große Mühe verstecken und entziehen sich so jedem militärischen Vergeltungsschlag. Auf der anderen Seite nehmen diese Menschen gelassen in Kauf, ihr eigenes Leben zu opfern, aus diesem Grund haben die üblichen Präventivmaßnahmen keinen Einfluss auf sie.

Die Vereinigten Staaten sind heute im Stande, aus jeder Konfrontation klassischer Art siegreich hervorzugehen, das dürfte wohl klar sein. Angesichts der terroristischen Bedrohung jedoch ähneln sie ein wenig einem Boxer, der versucht Mücken zu zerquetschen, ohne seinen Handschuh auszuziehen. Anstelle von lasergesteuerten Raketen und Splitterbomben müssten hier eigentlich ganz andere Methoden zum Einsatz kommen: Unterwanderung der Terrornetze, Beschattungen, Abhörmaßnahmen, Blockade der Geldströme, Entführung oder Exekution besonders gefährlicher Individuen, Propaganda. Zugleich müsste den Terroristen die Basis entzogen werden, und aus diesem Grund müsste man, ohne deshalb der Erpressung nachzugeben, die Ursachen der Unzufriedenheit und die Ungerechtigkeiten, für die man verantwortlich ist und die den Terroristen emotionalen Rückhalt in der Bevölkerung sichern, aus der Welt schaffen. Wenn ein ganzes Volk die Sache der Terroristen für gerecht hält, hat der Kampf gegen sie kaum Aussicht auf Erfolg: Das ist die bittere Lektion, die Frankreich aus dem Algerienkrieg gezogen hat, obwohl es doch militärisch unbestreitbar überlegen war.

Unter diesem Aspekt ist nicht gewiss, dass der Irakkrieg tatsächlich zur Ausmerzung des Terrorismus beigetragen hat. Gewalt erzeugt Gegengewalt: Die Formel ist zwar banal, aber deshalb nicht weniger wahr. Dieser Krieg wird unweigerlich von vielen arabischen, muslimischen oder einfach nur nichtwestlichen Völkern als Demütigung empfunden. Demütigung aber, ob eingebildet oder real, gebiert Fanatismus, und nichts ist ein besserer Nährboden für den Terrorismus als die Kombination aus der Bereitschaft zur Selbstaufopferung mit einer allen zugänglich gewordenen Technologie der Massenvernichtung. Seit Kriegsende haben die Attentate wieder eingesetzt; der Terrorismus gedeiht.

Die erhofften positiven Auswirkungen des Krieges bleiben reichlich problematisch. Dagegen sind einige negative Folgen unbestreitbar. An vorderster Stelle stehen dabei die dem Irak, dem Land wie der Bevölkerung, zugefügten Schäden. Ich möchte mich hier nicht mit den alten und modernen Schriftstellern messen, die in bewegenden Worten die Gräuel des Krieges geschildert haben, doch einige Selbstverständlichkeiten muss man wohl in Erinnerung rufen. Und man darf dabei nie vergessen, dass sich hinter diesen abstrakten Begriffen – Krieg, Sieg, Befreiung – zerfetzte Körper und zerstörte Häuser verbergen. Jedes Individuum ist einzigartig und unersetzbar, ein Menschenleben ist unbezahlbar; es ist obszön, die Zahl der Todesopfer, die man verursacht, in das strategische Kalkül einzubeziehen. Diese Individuen sind keine isolierten Wesen, sie haben liebende Angehörige, deren Leben nie wieder so sein wird wie vorher: Männer und Frauen, Väter und Mütter, Söhne und Töchter, denen bis zu ihrem eigenen Tod der Tod eines nahen Menschen nicht mehr aus dem Kopf gehen wird, den sie mehr als alles auf der Welt geliebt haben und der nie mehr zurückkommen wird. Welcher gnadenlose Gott beschließt, dass ein Regierungswechsel tausend, zehntausend oder hunderttausend Menschenopfer und das Leid von zehnmal so vielen Angehörigen rechtfertigt? Wie kann man sich in einem solchen Maße aus der menschlichen Gemeinschaft ausschließen (oder im Gegenteil die »feindliche« Bevölkerung davon ausschließen), um wie in Hiroshima zu entscheiden, dass eine viertel Million Menschen ein vernünftiger Preis für einen schnelleren Sieg sind?

Selbst die Trennung zwischen zivilen und militärischen Opfern erscheint künstlich: Was sind diese Soldaten anderes als junge Männer, die wenige Monate zuvor noch Zivilisten waren und es einige Monate später wieder sein werden? Jenseits der Gegenwart beginnt die Zukunft: Aus Verletzten werden Verstümmelte, Kranke, Behinderte; Kinder sind zu einem Leben ohne Eltern verurteilt, Verbitterung, Revolte und Träume von Rache sind vorprogrammiert. Abgesehen von den Menschen, gibt es noch ihren Lebensrahmen: die Häuser mit allem, was sich im Laufe der Jahre darin angesammelt hat, Projektionen der eigenen Identität über das eigene Selbst hinaus. Die Straßen, die sie verbinden. Die Gebäude, Felder und Landschaften, die sich in Ruinen, Brachland und verwüsteten Raum verwandeln. Das und viele andere Leiden anonymer Individuen nimmt man als unbedeutende Nebenwirkungen hin, wenn man beschließt, schnell mit Hilfe eines Kriegs ans Ziel zu kommen, anstatt langsam auf dem Weg von Verhandlungen und Druckausübung.

Wie viele Tote hat der Irakkrieg gefordert? Die genaue Zahl der Opfer auf angloamerikanischer Seite ist bekannt – einhundertundfünfzig Personen –, nicht jedoch die der irakischen. Es fehlen vollständige Zahlen – doch man kann es sich ungefähr vorstellen. Beispielsweise hat man beim ersten Einfall der amerikanischen Panzer in Bagdad in den Vororten Bagdads, der nur drei Stunden gedauert hat, einen amerikanischen Toten auf zwei- bis dreitausend Iraker gezählt (*Le*

Monde vom 16. April 2003). Mehrere Divisionen der irakischen Armee, so heißt es, wurden vernichtet, als seien sie in einen »Fleischwolf« geraten. Die *Financial Times* vom 11. April 2003 wagt eine Schätzung: Etwa dreißigtausend irakische Soldaten seien getötet worden, zu denen eine unbekannte Zahl von Zivilisten hinzukomme. Das ist der Effekt von vierundzwanzigtausend abgeworfenen Bomben, achthundert abgeschossenen Raketen und unzähligen Gewehrschüssen – ist das etwa ein Wunder? Waffen sind zum Töten gemacht, und das tun sie auch. Hat man andererseits das Recht, sich damit zu trösten, dass der Krieg weit grausamer hätte sein können (aus eben diesem Grund findet General Jay Garner ihn »barmherzig«)? Wird man wirklich ein Wohltäter der Menschheit, weil man nicht so viele Menschen getötet hat, wie man hätte töten können?

Es gibt keinen Grund, auf die Auswirkungen des Krieges auf den Feind stolz zu sein, selbst wenn der Sturz des Tyrannen »wünschenswert« war. Auch die Folgen für Dritte – die Völker, die sich aus dem Konflikt herausgehalten haben – sind nicht allesamt positiv. Gewiss, niemand zweifelt mehr an der militärischen Überlegenheit Amerikas, sofern dies überhaupt noch jemand tat; wer keine selbstmörderischen Ambitionen hat, wird die Vereinigten Staaten auf diesem Gebiet nicht herausfordern. Doch das Ansehen des Landes ist durch diesen Krieg nicht gestiegen, vielmehr hat diese unverhüllte Demonstration der Stärke und die Entscheidung, keinem der Einwände und Bedenken auch nur im Geringsten Rechnung zu tragen, ein diffuses Gefühl der Feindseligkeit erzeugt. Gefühle sind zwar nicht direkt übersetzbar in Panzerdivisionen, doch sie können eines Tages gewalttätige Reaktionen begünstigen. Ich spreche nicht nur von den Völkern der Dritten Welt, die nun einen unbändigen Groll hegen, sondern auch von den traditionellen Verbündeten der Vereinigten Staaten wie den westlichen Ländern, in denen das Bild Amerikas Schaden genommen hat. Verblüfft und ein wenig beunruhigt las ich die Ergebnisse einer Meinungsumfrage (vom 28./29. März 2003), derzufolge nur ein Drittel der Franzosen in dem Konflikt eher mit der angloamerikanischen Seite sympathisierte, während ein Viertel sich einen Sieg des Irak wünschte! Eine Reaktion aus dem Bauch zweifellos, aber durchaus viel sagend: Im Gegensatz zu den Militärs haben die Kriegstreiber auf dem internationalen Markt der Bilder das Spiel verloren.

Schließlich wurden auch im öffentlichen Leben innerhalb der Vereinigten Staaten negative Auswirkungen spürbar. Der Kriegszustand brachte dort einige Prinzipien der Demokratie zum Bröckeln (das gehört zu den unabänderlichen Gefahren des Kriegs). Der auffälligste Verstoß gegen die liberalen und demokratischen Grundsätze ist die Behandlung der Kriegsgefangenen aus Afghanistan – eine Behandlung, die durch die herrschende Kriegsstimmung erst möglich wurde. Um sich den gesetzlichen Verpflichtungen zu entziehen, die sie zwingen würden, den Gefangenen bestimmte Rechte zuzugestehen, hält die Regierung der Vereinigten Staaten sie außerhalb ihres Territoriums, in Afghanistan selbst oder auf der Militärbasis Guantánamo auf Kuba, gefangen. Dadurch befolgt sie zwar buchstabengetreu das Gesetz – doch welch ein Verrat an seinem Geist! Schlimmer noch, es handelt sich nicht um eine einfache Internierung, sondern um eine Behandlung, die sich schwerlich von der Folter unterscheiden lässt. Die amerikanischen Verantwortlichen halten, so berichtet die *New York Times* vom 12. März 2003, Verhörmethoden wie »Schlafentzug und Dunkelhaft sowie den zeitweiligen Entzug von Nahrung, Wasser und Medikamenten« für akzeptabel. Zu den gängigen Methoden, »Druck« auszuüben, gehört es, »stundenlang schwarze Kapuzen über den Kopf der Verdächtigen zu ziehen, sie bei großer Hitze oder Kälte zu zwingen, in einer unbequemen Position zu stehen oder zu knien«, und das bei Temperaturen zwischen plus vierzig und minus zehn Grad Celsius. Manche Gefangenen müssen stundenlang mit gefesselten Händen und Füßen nackt dastehen. Falls das keine physische Folter ist, so hat es zumindest große Ähnlichkeit damit. Wie wenig effektiv diese Methoden sind – die stets mit der Notwendigkeit gerechtfertigt werden, man müsse dringend Geständnisse erzwingen, um künftige Attentate zu verhindern –, hätten die amerikanischen Militärs von ihren französischen Kollegen erfahren können, die während des Algerienkriegs systematisch das Mittel der Folter einsetzten, mit dem allseits bekannten Endergebnis. Aber es scheint, als würde man nie aus den Fehlern der anderen lernen.

Andere Verletzungen typischer Gepflogenheiten einer freiheitlichen Demokratie waren wohl weniger auffällig, aber ebenso bedauerlich. Bestimmte amerikanische Bevölkerungsgruppen (gebürtige Iraker, Araber, Muslime) wurden dank eines Ausnahmegesetzes, des *Patriot's Act,* zur Zielscheibe von Diskriminierungen; bestimmte Freiheiten wurden eingeschränkt: Die Haftdauer wurde über legale Fristen hinaus verlängert, Abhören und Drohungen waren an der Tagesordnung.

Über diese von der amerikanischen Regierung ergriffenen Maßnahmen hinaus schafft die Kriegssituation ein ganz spezielles Klima, das nicht gerade günstig ist für die Stärkung demokratischer Werte. Am auffälligsten war für den Beobachter von außen während des gesamten Konflikts die drastische Einschränkung des Informationspluralismus – nicht etwa als Folge einer von der Regierung auferlegten Zensur, sondern vielmehr einer Art Selbstzensur, die mit der Notwendigkeit einer moralischen Unterstützung der Truppe begründet wurde. Je länger der Zuschauer die Berichterstattung bestimmter Fernsehsender verfolgte, umso stärker musste er den Eindruck gewinnen, dass sie über den Krieg entschieden – so sehr trat die Information gegenüber der Propaganda in den Hintergrund. In Europa hingegen präsentierte sich die Situation anders: Die öffentliche Meinung stand dem Krieg in der Regel feindlich gegenüber, davon unbeschadet waren die Vereinigten Staaten wie gehabt der Verbündete. Das Ergebnis war, dass gegensätzliche Standpunkte nebeneinander auf dem Bildschirm oder in den großen Tageszeitungen zu finden waren. Im Unterschied dazu schienen die amerikanischen Medien insgesamt immer »pro« oder »contra« zu informieren, sie waren mehr darum bemüht, eine

Überzeugung zu verkaufen, als die Wahrheit zu suchen. Eine solche Haltung bedeutet nicht notwendig, dass man lügt oder die Fakten verfälscht, es genügt, die Informationen gezielt auszuwählen: Die Realität ist komplex genug, um gleich welche These zu veranschaulichen.

Auch die wachsende Intoleranz gegenüber abweichenden Meinungen ist ein Zeichen für das Bröckeln der demokratischen Grundsätze im Alltag. Sie kann brutale Folgen haben, besonders wenn die Ayatollahs des Westens, die Leiter der großen Medien, eine Fatwa gegen die eine oder andere Person des öffentlichen Lebens aussprechen, die den Krieg öffentlich missbilligt hat. Ist es etwa normal, dass man Künstler und Musiker boykottiert, sie aus den Fernseh- oder Radioprogrammen verbannt, ihre Platten wegwirft oder verbrennt und sie mit infamen Beleidigungen überzieht? Die amerikanische Gesellschaft hat immer stärkeren Druck auf das Verhalten Einzelner ausgeübt, als europäische Gesellschaften dies tun, in Kriegszeiten allerdings nimmt dieser Druck noch um einige Grade zu, so dass er schließlich beunruhigend wird.

Der Appell an patriotische Gefühle ist nicht geeignet, Ethnozentrismus und Fremdenfeindlichkeit zu bekämpfen – beides Einstellungen, die alles andere als demokratisch sind. Die öffentliche Meinung in Amerika empörte sich darüber, dass im irakischen Fernsehen Bilder »ihrer« gefangenen Soldaten gezeigt wurden; sie hatte jedoch nicht das Geringste gegen Fotos gefangener irakischer Soldaten einzuwenden – diese hatten keinen Anspruch auf Respekt vor der Würde des

Menschen. Ebensowenig störte sich die öffentliche Meinung daran, dass etwa fünfzig irakische Führer auf Figuren eines Kartenspiels reduziert wurden mit der Aufforderung, ihrer »tot oder lebendig« habhaft zu werden – sie also möglicherweise ohne weiteren Prozess zu liquidieren. Auch die Zunahme von Euphemismen ist ein schlechtes Zeichen. Die Formulierung »Eine Division erlitt einigen Schaden« klingt zwar glatter, ist jedoch nicht weniger schwer wiegend als die Bekanntgabe des Todes von tausend oder zweitausend Männern.

Schließlich ist noch ein weiterer, weniger greifbarer, aber gefährlicherer Verfall der demokratischen Sitten festzustellen. Er besteht darin, dass inakzeptable Praktiken für zulässig erklärt werden, als sei die Dringlichkeit der Lage eine ausreichende Rechtfertigung für alles. Nehmen wir beispielsweise die Frage der Beweise für die Schuld des Irak. Die nukleare Bedrohung, die angeblich von ihm ausging, sollte durch zwei Dokumente belegt werden, die sich beide als falsch erwiesen haben (ein Vertrag mit dem Niger und ein angeblicher Geheimdienstbericht, der in Wirklichkeit die Arbeit eines Studenten war). Wussten die amerikanischen Behörden das wirklich nicht, oder zogen sie einfach den Sieg der Wahrheit vor? Wenn man die Führungszirkel des Landes beobachtete, musste man unwillkürlich an Praktiken denken, die einst von den Feinden der Demokratie eingesetzt wurden: Demagogie, Manipulation der öffentlichen Meinung, Undurchschaubarkeit von Entscheidungsprozessen. Die jüngste Geschichte der Vereinigten Staaten zeigt, dass diese Bedrohung nicht unbedingt eine eingebildete ist: Schließlich trieb diesem Land der McCarthyismus seine Blüten, eine gefährliche Pervertierung der freiheitlichen Grundordnung. Und so stellt sich schließlich folgende Frage: Rechtfertigt die Stärkung der Demokratie im Irak ihre Schwächung in den Vereinigten Staaten?

Ein Lob auf den Pluralismus

Die Politik, für die der Irakkrieg steht, dient nicht wirklich dem nationalen Interesse der USA. Zwar haben sie unbestreitbar einen schnellen Sieg errungen, doch das ist nicht das Einzige, was zählt. Wie Raymond Aron vorsichtig bemerkte, ist die Größe der Macht nicht die einzige Form von Größe,[6] ebenso wenig, wie der militärische Erfolg die einzige Form des Erfolgs ist. Mittel- und langfristig führt diese Politik zu einem Verfall der demokratischen Sitten im Innern der Vereinigten Staaten; sie trübt ihr Ansehen bei anderen Ländern, indem sie einen Antiamerikanismus nährt, der gefährliche Züge annehmen kann. Dem positiven Effekt vom Sturz der Diktatur stehen die unvermeidlichen Verwüstungen eines jeden Krieges und die politischen Unwägbarkeiten der Zukunft gegenüber. Der Einsatz roher Gewalt ohne Rücksicht auf die Meinungen, die man dadurch auslöst, ist in Wirklichkeit riskant: Scheinbar wirkungslose Ideen und Gefühle können ganze Imperien zum Einsturz bringen. Wäh-

---

6 Vgl. Raymond Aron: Frieden und Krieg.

rend diese Politik im Innern friedensstiftenden Projekten die Unterstützung entzieht, um sie dem Militär zuzuschlagen, und damit zur Verarmung im Lande beiträgt, produziert sie nach außen ein Klima der Instabilität und der Unsicherheit. Der nationalen Sicherheit ist durch die Achtung nationaler Souveränität mehr gedient als durch einen Präventivkrieg.

Man kann gewiss einräumen, dass der Krieg die Fortführung der Politik mit anderen Mitteln ist, weil auch er der Verteidigung nationaler Interessen dient. Die Umkehrung dieses Satzes jedoch ist keinesfalls wahr: Politik ist keine kaschierte Form von Krieg. Vielmehr sind die »anderen Mittel« gleichbedeutend mit dem Ende der Politik: Der Krieg ist das Eingeständnis einer Niederlage, das Zeichen, dass alle politischen Möglichkeiten erschöpft sind und nur die Zuflucht zu roher Gewalt übrig bleibt. Wenn die Waffen sprechen, verstummen die Gespräche; Politik aber besteht im Wesentlichen aus Gesprächen, Verhandlungen und der Suche nach Kompromissen und Konsens.

Mit militärischer Macht kann man zwar die Körper besiegen, doch ihre Wirkungen auf die Herzen und Gedanken sind schon problematischer. Dabei ist deren Eroberung für die Sicherheit der Vereinigten Staaten nicht weniger wichtig als der militärische Sieg. Dies gilt besonders für die terroristische Bedrohung, die nicht in Form einer regulären Armee in Erscheinung tritt. So besehen hatte der französische Außenminister Dominique de Villepin Recht, als er am 19. März 2003 vor dem Sicherheitsrat der Vereinten Nationen sagte: »In einer Welt, in der die Bedrohung asymmetrisch ist, in der

der Schwache den Starken herausfordert, zählt die Fähigkeit, zu überzeugen und das Denken anderer zu beeinflussen, ebenso sehr wie die Anzahl militärischer Divisionen.«

Dem Interesse der Vereinigten Staaten wäre mehr gedient, wenn sie auf die abenteuerliche Politik verzichten würden, die sie womöglich morgen zu einem Erstschlag mit Atomwaffen verleiten könnte, und wenn sie sich stattdessen bemühen würden, ihren Handlungen in den Augen der restlichen Welt Legitimität zu verleihen. Was aber verleiht einer Politik Legitimität? Die Denker der Vergangenheit haben lange über diese Frage diskutiert und dabei über die Prinzipien des politischen Rechts nachgedacht. Es genügt nicht, nur im Besitz der Macht zu sein, denn diese wurde häufig gewaltsam errungen (der amerikanischen Demokratie ging der Unabhängigkeitskrieg voraus, die französische Demokratie basiert auf der Revolution von 1789). Und selbst wenn in der Macht der legale Wille des Volkes zum Ausdruck kommt, kann sie dennoch irren. Denn die Meinung der Mehrheit ist nicht notwendigerweise aufgeklärt, sie kann auch gegen den Gedanken des Rechts verstoßen. Auch hoch gesteckte, edle Ziele reichen nicht aus. Man wird den Mächtigen immer verdächtigen, sich ihrer zu bedienen, um seine eigenen Gelüste zu kaschieren. Wo also findet man diese Legitimität?

Montesquieu brachte im 18. Jahrhundert die Antwort auf die knappe Formel, dass »keine unumschränkte Gewalt rechtmäßig sein könne«.[7] Die Macht bezieht ihre Legitimation

---

7 Des Herrn Montesquieu Persianische Briefe, Brief 91. [Sonstige Ausgaben: Brief 104]

weder aus ihrem Ursprung noch aus ihrem Zweck, sondern aus der Art der Machtausübung selbst. Das heißt aus der freiwilligen Auferlegung von Schranken, sprich: indem man sie mit anderen teilt. Zwei Vorstellungen prallen hier aufeinander, die Anhänger der einen versammeln sich unter der Flagge der Einheit, die der anderen unter der der Pluralität. Erstere glauben, das Gute auf ihrer Seite zu haben, und maßen sich folglich das Recht an, es allen anderen aufzuzwingen. Und auch die anderen hoffen, die Besseren zu sein, wagen es jedoch nicht, sich darauf zu verlassen, und halten die Teilung und Aufspaltung der Macht für besser, als sie in eine einzige Hand zu legen. Die Begrenzung der Macht nach innen basiert auf der Unabhängigkeit zwischen Exekutive, Legislative und Judikative sowie auf der Vielfalt der Parteien und der Informationsquellen oder auch auf dem Schutz von Minderheiten. Im internationalen Kontext basiert sie auf dem Respekt vor der Souveränität anderer Staaten, auch wenn man sie mit Gewalt unterwerfen könnte, und auf der Achtung der Verträge und Übereinkommen mit anderen Ländern, auch wenn man die Möglichkeit hätte, sie zu verletzen. Diese Anerkennung des Pluralismus ist das beste Mittel, um die Autonomie des Einzelnen zu schützen und auf diese Weise seine Identifikation mit dem Ganzen zu gewährleisten.

Zwischenstaatliche Verträge oder Verpflichtungen gegenüber einer internationalen Organisation haben nicht dieselbe bindende Kraft wie die Gesetze, die das Leben innerhalb eines Landes regeln; doch sie tragen ihren Teil zur pluralistischen Teilung der Macht in der Welt bei, weil sie eine freiwillige Einschränkung des Einsatzes von Gewalt bedeuten. Nun haben die Vereinigten Staaten diese internationalen Konventionen ziemlich ungeniert übergangen, als sie den Krieg gegen den Irak einleiteten. Man muss dazu sagen, dass sie ihre Absichten in der *Nationalen Sicherheitsstrategie* unverhüllt formuliert hatten. Dort konnte man nämlich lesen: »Auch wenn die Vereinigten Staaten bereit sind, alle erdenklichen Anstrengungen zu unternehmen, um die Unterstützung der internationalen Gemeinschaft zu erlangen, werden wir nicht zögern, notfalls auch alleine zu handeln.« Anders gesagt: Die von der UNO verliehene Legitimität ist nur ein – wünschenswerter, aber nicht notwendiger – Deckmantel für den Einsatz von Gewalt. Man sollte die negative Wirkung solcher Erklärungen auf keinen Fall unterschätzen.

Häufig wird gegen das pluralistische Ideal im Rahmen der internationalen Beziehungen der Einwand vorgebracht, wir riefen nur deshalb zur Respektierung des Rechts, der Regeln und zur Achtung der Schwachen auf, weil wir selbst schwach seien; wären wir aber stark, so würden wir diese Konventionen bedenkenlos über Bord werfen, um auf der Stelle unsere Wünsche zu realisieren. Dieses Argument reicht weit zurück. Platon erzählt in diesem Zusammenhang die Sage von Gyges. Dieser besitzt einen Ring, mit dem er sich unsichtbar machen kann, was ihm grenzenlose Macht verleiht. Er kann auf diese Weise rauben und sich bereichern, morden und die Regierungsgewalt an sich reißen. Wie viele besäßen wohl die Standhaftigkeit, der Versuchung zu widerstehen, wenn sie selbst Gyges' Ring besäßen? Wie viele würden auf die Allmacht verzichten, die sie in die Nähe der Götter rückt? Glaubt man der Sage, so ist »niemand mit gutem Willen gerecht, sondern nur aus Noth«.[8] Doch dieses Bild des Menschen ist in zweierlei Hinsicht falsch: zum einen, weil die Prinzipien des Rechts nicht nur reine Konvention sind und weil ihre Verletzung auch den innerlich leiden lässt, der sie begeht; vor allem aber, weil die rechte Ausübung der Macht, das heißt ihre Teilung, am besten dem Interesse des Machtinhabers dient, indem sie ihm das Wohlwollen der anderen und ihre Zustimmung zu einem gemeinsamen Lebensprojekt sichert.

Man sagt auch häufig, dass der Pluralismus nicht mit Worten verkündet, sondern durch Taten bewiesen werden müsse. Die Vereinigten Staaten sind schon jetzt in militärischer Hinsicht weitaus stärker als jede andere Macht auf Erden, ja, sogar als all diese Mächte zusammen. Muss man sich folglich zur Wiederherstellung des Gleichgewichts ein neues Wettrüsten wünschen? Gewiss nicht. Dass die Vereinigten Staaten über die größte militärische Stärke der Welt verfügen, ist eine Sache, dass sie sich ihrer bedienen, um die sofortige Erfüllung ihrer Wünsche durchzusetzen, ist eine andere. Es geht hier nicht darum, neuerlich Zwang auszuüben, dieses Mal auf die Vereinigten Staaten, sondern es geht um eine freiwillige Selbstbeschränkung bei der Ausübung der Macht im Namen eines recht verstandenen Interesses des eigenen Landes.

---

8 Platons Republik, S. 72.

Manchmal wird die Frage aufgeworfen, ob eine pluralistische (heute spricht man von »multipolarer«) Welt nicht zwangsweise eine permanente Konfrontation zur Folge hätte, weil jeder immerzu versuchen würde, die anderen zu übertreffen. Stachelt die Gleichheit der Ausgangsposition nicht zum Wettstreit an? Ist dem nicht ein Frieden durch Herrschaft und die endgültige Unterwerfung unter die stärkste Macht, wodurch die Ruhe aller gesichert wird, vorzuziehen? Doch niemand ist verpflichtet, sich für eine dieser harten Alternativen, Krieg oder Unterwerfung, zu entscheiden. Im Kontext internationaler Beziehungen hat die (leider biblische) Maxime: »Wer nicht mit uns ist, ist gegen uns« keine Gültigkeit. Das vereinfachende Freund-Feind-Schema ist zwar weit verbreitet, doch trägt es der Vielfalt der Beziehungen zwischen den einzelnen Ländern kaum Rechnung. Diese reichen von aktiver Partnerschaft über punktuelle Zusammenarbeit oder Neutralität bis zum friedlichen Wettstreit. Dieses internationale Gleichgewicht ist nicht endgültig – aber sind Anpassungsbereitschaft und Improvisationstalent nicht mehr wert als eine ein für alle Mal festgeschriebene Ordnung? Ich schließe mich hier der keineswegs engelhaften Schlussfolgerung Kants an, der sagte, er ziehe »die Absonderung vieler voneinander unabhängiger benachbarter Staaten« ihrer Vereinigung unter einer überlegenen Macht vor, ebenso wie »eine föderative Vereinigung«, die »den Ausbruch von Feindseligkeiten vorbeugt« dem andauernden Friedenszustand, der durch Herrschaft aufgezwungen wird.[9]

Eine Macht wie die Vereinigten Staaten wird selbstredend niemals darauf verzichten, die eigene Stärke einzusetzen. Das heißt jedoch nicht, dass sie sich trunken dem Hochgefühl, der Stärkste zu sein, hingeben darf und sich überdies noch aufstacheln lässt von der Überzeugung, der Gerechteste zu sein. Es liegt im ureigensten Interesse der Vereinigten Staaten, freiwillige Einschränkungen ihrer Macht zu akzeptieren, eine Forderung, die im Übrigen auch von vielen, keinesfalls antiamerikanischen Stimmen im Landesinnern erhoben wird. Der Einsatz militärischer Gewalt wäre dann nur im Falle der Selbstverteidigung legitim sowie im Falle einer Aggression gegen das eigene Land (wie in Afghanistan) oder gegen einen Verbündeten (wie in Kuwait). In allen anderen Fällen gälte es, die internationale Ordnung, so unvollkommen sie sein mag, in militärischer Hinsicht zu respektieren und die nationale Souveränität aller Regime, so verabscheuungswürdig sie auch sein mögen, anzuerkennen. Davon abgesehen sind Versuche einer friedlichen Veränderung derselben, darauf sei noch einmal hingewiesen, keinesfalls wirkungslos.

---

9 Vgl. Immanuel Kant: Von der Garantie des ewigen Friedens (Zum ewigen Frieden, Erster Zusatz)

Stärke oder Recht?

Die amerikanische Strategie im Irakkrieg wurde von vielen Ländern kritisiert, darunter auch von den Regierungen mancher Verbündeter, allen voran von Frankreich. Am häufigsten wurde dabei das Argument vorgebracht, die Vereinigten Staaten betreiben eine Politik der Stärke, während die internationalen Beziehungen dem Recht unterstehen müssten, das in diesem Fall von der Organisation der Vereinten Nationen, ihrem Sicherheitsrat und ihren Resolutionen verkörpert wurde. Am 7. März 2003, einige Tage nach dem Beginn der Feindseligkeiten also, verkündete Dominique de Villepin vor dem Sicherheitsrat: »Manche glauben, man könne diese Probleme auf gewaltsamem Weg lösen und so eine neue Ordnung schaffen. Das entspricht nicht der Überzeugung Frankreichs.« Am 18. März 2003, am Vortag der Invasion, erklärte Präsident Chirac vor der Presse, Frankreich habe im Gegensatz zu den Vereinigten Staaten, die »der Stärke den Vorrang vor dem Recht einräumen« wollten, »im Namen der Vorherrschaft des Rechts und auf Grund seiner Konzeption der Beziehungen zwischen den Völkern und Nationen gehandelt«. Er forderte, dass »die internationale Legalität respektiert werde«.

Auch nach Kriegsbeginn hat die französische Führung ihre Meinung nicht geändert. Vor dem Internationalen Institut für Strategische Studien in London bekräftigte Villepin am 27. März 2003 seinen Glauben an »die kollektiven Normen, die darauf abzielen, den Einsatz der Stärke einzuschränken«, und fügte hinzu: »Einzig Konsens und der Respekt vor dem Recht verleihen der Stärke die notwendige Legitimität.« Er schloss mit den Worten: »Die Stärke muss in den Dienst des Rechts gestellt werden.« Nach Beendigung des Krieges kam er in einem Interview auf dieses Thema zurück (*Le Monde* vom 13. Mai 2003): »Die UNO ist unersetzlicher denn je«, erklärte er. »Die Vereinten Nationen verkörpern ein länderübergreifendes Gewissen, das über den Einzelstaaten steht«, sie stellten einen Schritt zur »Schaffung einer Weltdemokratie« dar. Auch andere westliche Spitzenpolitiker äußerten die Ansicht, dass die Herrschaft durch Stärke ausgedient habe und allmählich durch die des Rechts ersetzt werde; auf diese Weise könnte der Krieg eines Tages endgültig aus dem Repertoire der politischen Mittel verbannt werden.

Eine solche Vision hat natürlich etwas Verführerisches. Doch bevor man sie sich zu Eigen macht, sollte man sich fragen: Spiegelt sie wirklich die Realität wider? Oder verwechseln wir die Wirklichkeit mit unseren Wünschen? Man braucht fundierte Kenntnisse, um etwas richtig beurteilen zu können; doch die Suche nach der Wahrheit gestaltet sich schwierig, wenn man von vornherein weiß, dass sie mit dem

Guten übereinstimmen muss. Kann das Recht wirklich über die Stärke herrschen, oder handelt es sich dabei nur um eine augenblicklich angenehme Illusion, die uns langfristig in die Irre führt? Sind »internationale Legalität« und »Weltdemokratie« mehr als juristische Fiktionen?

Im Zeitalter der Aufklärung hegten Enzyklopädisten wie Philosophen die Hoffnung, dass der Fortschritt der Zivilisation innerhalb eines jeden Landes sich auf die Beziehungen zwischen den Ländern ausdehnen könnte und dass die ganze Welt als eine »allgemeine Gesellschaft« vorstellbar wäre, deren einzelne Gesellschaften wie Bürger wären. Jean-Jacques Rousseau hat diese unfundierten Konstrukten den Garaus bereitet. Der Mensch, schrieb er, lebe in einem bürgerlichen Staat und sei den Gesetzen unterworfen; von Volk zu Volk genieße ein jedes seine natürliche Freiheit.[10] Anders gesagt: Die Beziehungen zwischen Staaten bleiben im Naturzustand, während innerhalb eines jeden Landes der »Gesellschaftszustand« herrscht. Warum ist das so? Weil die Bürger eines jeden Landes auf den Gebrauch von Gewalt verzichtet haben, indem sie das Monopol dafür dem Staat übertragen haben; während die Länder, die nicht Teil eines übergeordneten Staates sind, keine Instanz besitzen, an die sie ihre Stärke delegieren könnten; sie behalten sie folglich für sich. Solange sie nicht von einem gemeinsamen Feind bedroht werden – der beispielsweise von einem anderen Planeten kommen könnte –, geben die Staaten ihren Einzel-

---

10 Vgl. Jean-Jacques Rousseau: Ecrits sur l'abbé de Saint-Pierre, »Que l'état de guerre nait de l'état social«

interessen den Vorzug vor dem allgemeinen Interesse (die Schwierigkeiten, bei Themen wie der Erderwärmung zu einer Übereinkunft zu gelangen, veranschaulichen dies beispielhaft).

Alle Staaten praktizieren diese Doppelstrategie: Innen- und Außenpolitik werden nicht von den gleichen Prinzipien geleitet. Im Innern ist die Stärke dem Recht unterworfen, die Armee steht im Dienste der Regierung, die Polizei gewährleistet das Funktionieren der Justiz. Nach außen bestimmt die Stärke die zwischenstaatlichen Beziehungen, ihr Regiment wird allein durch die Verträge gemildert, die die Staaten aus eigenem Antrieb untereinander schließen, die sie jedoch jederzeit brechen können. Das internationale Recht hat nicht die gleiche Wirksamkeit wie das nationale Recht, weil es nicht im gleichen Maße über einen bewaffneten Arm verfügt – außer wenn die Staaten dieses Recht aus freien Stücken akzeptieren. Die zwischenstaatlichen Beziehungen werden eher durch eine internationale Ordnung geprägt, die aus Verträgen, Übereinkommen und der Zugehörigkeit zu internationalen Organisationen besteht. Doch diese Ordnung wird von keiner Weltpolizei sichergestellt – denn eine solche existiert ebenso wenig wie der Weltstaat. Daher ist es ein wenig oberflächlich, von einem »illegalen Krieg« zu sprechen, wie während des Irakkonflikts geschehen. Der Krieg – jeder Krieg – ist per definitionem ein Bruch der bestehenden internationalen Ordnung; doch diese besaß nie Gesetzeskraft.

Es ist daher unsinnig, in diesem Zusammenhang von der »Vorrangstellung des Rechts«, vom »Respekt vor dem Gesetz« oder von »kollektiven Normen« zu sprechen: Die bestehenden zwischenstaatlichen Verträge, die immer schon ohne weiteres einseitig gebrochen werden konnten, sind keine Gesetze; das so genannte internationale Recht gehört einfach nicht in die gleiche Kategorie wie die militärische Stärke. Es ist richtig, dass diese Argumentation nicht auf die Mitgliedsstaaten der Europäischen Gemeinschaft und ihre wechselseitigen Beziehungen zutrifft. Diese haben nämlich auf den Einsatz von Waffengewalt gegeneinander verzichtet. Doch dieser Verzicht geht nicht über die Grenzen der Gemeinschaft hinaus. Kriege mit außenstehenden Ländern bleiben weiter vorstellbar, kein Gesetz könnte sie verbieten.

Welche Rolle fällt nun der UNO dabei zu, jener Einrichtung, der sämtliche Länder der Welt angehören? Verkörpert sie nicht geradezu den Grundsatz, dass die Stärke durch das Recht gezügelt werden kann? Man muss nur daran erinnern, dass die UNO auf einer Basis steht, die durch kein Recht begründet wird, nämlich auf der Einräumung des »Vetorechts« für die fünf ständigen Mitglieder des Sicherheitsrats, um diese Illusion schnell über Bord zu werfen. Anders gesagt, diese fünf – die Großmächte – sind von den Verpflichtungen ausgenommen, die den anderen auferlegt sind, weil sie zu jeder sie betreffenden Resolution ihr Veto einlegen können. Ein Mächtiger kann nicht irren! Auf diese Weise entging die UdSSR bis vor kurzem jeder Verurteilung, die eine Intervention zur Folge gehabt hätte, weil sie jede Resolution, die ihre eigenen Handlungen betraf, verhinderte. Dieser Schutz kann von den »Veto-Mitgliedern« auf ihre Verbündeten ausgedehnt werden: Israel, ein Schützling der USA, läuft deshalb nicht Gefahr, Objekt einer von der UNO beschlossenen Intervention zu werden. So festigt die Weltorganisation in Wirklichkeit die Hegemonie der Großmächte, anstatt sie zu beschneiden.

Dem muss noch hinzugefügt werden, dass die UNO sich auch zu Zeiten, da sie nicht durch eine der Großmächte gelähmt war, nicht eben als hehre Verkörperung der strafenden Gerechtigkeit dargestellt hat. Es gibt zahlreiche Massaker, die die UNO entweder nicht verhindern konnte oder wollte: die Genozide in Kambodscha und Ruanda, die Massenmorde im Sudan und in Äthiopien, die Bürgerkriege in Angola und Sierra Leone ... Das hat im Einzelnen viele Gründe, doch allen liegt eine gemeinsame Ursache zugrunde: die mangelnde Durchsetzungskraft einer Organisation, die nicht über eine eigene Streitmacht verfügt, sondern auf die Armeen der einzelnen Staaten angewiesen ist. Hinzu kommen noch die unvermeidliche Schwerfälligkeit einer fernen bürokratischen Maschinerie und die Interessenkonflikte zwischen einzelnen Mitgliedsstaaten, die allzeit bereit sind, ihr Knüppel zwischen die Beine zu werfen.

Es ist noch ein weiter Weg bis zu dem Punkt, da das Verhalten aller Staaten einzig von rechtlichen Gesichtspunkten geleitet wird. Erinnern wir uns, wie im März 2003, anlässlich des Irakkriegs, amerikanische und französische Emissäre quer über den Globus reisten und Druck ausübten oder Belohnungen versprachen, um ein für dieses oder jenes Land günstiges Votum zu erreichen. Darf man darin wirklich eine Manifestation jenes »länderübergreifenden Gewissens« sehen, von dem Villepin spricht? Kann man in der Menschenrechtskommission der UN (in der derzeit Libyen! den Vorsitz hat), die Länder wie China oder Vietnam, Algerien oder Syrien, den Sudan oder Simbabwe niemals wegen ihrer Menschenrechtsverletzungen zu verurteilen suchte, tatsächlich einen Triumph der Gerechtigkeit sehen?

Während der Irakkrise wurde die UNO einer harten Prüfung unterzogen. Der Sicherheitsrat musste zwischen zwei unangenehmen Lösungen wählen: Entweder er gab den Vereinigten Staaten nach und bewies so seine Unterwürfigkeit, oder er widersetzte sich ihnen und bewies damit seine Machtlosigkeit. Er entschied sich für den zweiten Weg, und man könnte behaupten, dass er auf diese Weise seine Ehre gerettet hat; nichtsdestoweniger wurde seine Schwäche für alle Welt offenkundig. Die Liliputaner, die Gulliver durch vielerlei Fesseln behindern wollten, zerstreuten sich in alle Winde, sobald der Riese sich erhob. Frankreich war stolz auf seinen Sieg in der Schlacht innerhalb der UNO – doch es verlor den Kampf, der sich außerhalb der Konferenzräume abspielte, denn der Krieg fand statt. Politik wird jedoch nicht nach ihren Absichten, sondern nach ihren Resultaten beurteilt; es war also eine schlechte Politik.

Im Übrigen unterwirft sich Frankreich, so empfindlich es in Fragen der Rechtmäßigkeit ist, wenn diese einen Stärkeren betreffen, selbst auch nicht immer der UNO, wenn es um seine eigenen Angelegenheiten geht. General de Gaulle ließ keine Gelegenheit aus, um von vornherein seinen Widerstand gegen eine Organisation zu verkünden, in der so viele Diktatoren versammelt waren. Selbst im Jahr 2003 verzichtete Frankreich nicht vollständig darauf, »diese Probleme auf dem Weg der Gewalt zu lösen«, um mit Villepin zu sprechen. Es holte nicht die Zustimmung der UNO ein, bevor es an der Elfenbeinküste intervenierte, und das war wohl eine richtige Entscheidung. Denn bevor sich der notwendige Konsens abgezeichnet hätte, hätten vermutlich weitere Massaker stattgefunden. Man kann sich des Gedankens nicht erwehren, dass Frankreich im Moment der Irakkrise deshalb so sehr auf der Notwendigkeit einer Einbeziehung der UNO und des Sicherheitsrats beharrte, weil dies der einzige Ort war, wo es sich als Weltmacht gerieren konnte.

Ähnliches könnte man über die Hoffnungen sagen, die in die internationale Justiz als Instanz zur weltweiten Durchsetzung des Rechts gesetzt wurden. Dies führte zur Schaffung des internationalen Kriegsverbrechertribunals in Den Haag, vor dem die Prozesse gegen jugoslawische oder ruandische Völkermörder stattfinden, oder auch dem Plan eines Internationalen Strafgerichtshofs (IStGH), der im Unterschied zu den Sondergerichten für einzelne Menschenrechtsverletzungen zu einer dauerhaften Institution werden sollte. Die guten Absichten dieser Projekte stehen außer Zweifel; ihr Erfolg ist dagegen nicht immer unbestritten. Denn in dieser Situation muss man zwischen zwei Dingen wählen.

Entweder opfert man die Effektivität der Gerechtigkeit.
In diesem Fall jedoch hört die Gerechtigkeit, für die man kämpft, vor den Türen der Großmächte auf. Dazu gehören in unserer Welt nicht nur die Vereinigten Staaten, sondern auch Russland, China, Indien und einige andere. Raymond Aron schrieb zu Recht, dass sich ein Großer keiner Ordnung beuge und sich nicht zwingen lasse.[11] Die Vorgänge um die Errichtung des Internationalen Strafgerichtshofs waren in dieser Hinsicht äußerst erhellend. Sieben Staaten stimmten gegen seine Bildung: die Vereinigten Staaten, Indien, China, Vietnam, Israel, Bahrain und Katar. Der Gedanke ist wohl erlaubt, dass Russland, auch wenn es dafür gestimmt hatte, noch lange nicht den Anweisungen des Gerichts Folge leisten würde. Der neue amerikanische Präsident erklärte unmittelbar nach seiner Wahl, dass er die Konvention, die den Strafgerichtshof legalisiert, niemals ratifizieren würde. Doch selbst wenn er das fragliche Abkommen unterzeichnet hätte, so wäre der Erfolg dennoch fraglich: Die Vereinigten Staaten beugen sich prinzipiell nicht den Forderungen, die verschiedene internationale Kommissionen an sie stellen, und seien sie Ableger der UNO, wenn diese Forderungen ihre Aktivitäten in Lateinamerika oder einfacher ihre Interessen tangieren.

Oder man opfert die Gerechtigkeit der Effektivität.
In diesem Fall stellt man eine mächtige Armee in den Dienst der Justiz – die Armee der NATO oder der Vereinigten Staa-

---

11 Vgl. Raymond Aron: Frieden und Krieg.

ten -, das allerdings ist mit dem Risiko verbunden, dass diese Armee stärker ihre eigenen Interessen verfolgt als die der Justiz. Louise Arbour, ehemalige Chefanklägerin des IStGH, bemerkte dazu offenherzig: »Die Militärs können in der Praxis schwerlich auf den Blickwinkel der einzelnen Nationen verzichten« (*Le Monde des débats,* 25. Mai 2001). Was sie nicht gehindert hat, sich an eben diese Militärs zu wenden, um nicht zu sagen, sich in ihren Dienst zu stellen, indem sie das Eingreifen der NATO in Jugoslawien juristisch rechtfertigte. Wie sollte sie anschließend noch unparteiisch bleiben? Man weiß, wie mit Vorwürfen über Kriegsverbrechen der NATO umgegangen wurde: Das Tribunal beschränkte sich darauf, seine eigenen Funktionäre mit der Untersuchung über eine mögliche eigene Verwicklung zu betrauen – und diese schlossen den Fall ab, was keine Überraschung war, indem sie sich selbst für über jeden Verdacht erhaben erklärten. Diese Ansicht teilten weder bestimmte Nicht-Regierungsorganisationen noch das Internationale Komitee vom Roten Kreuz, das man wohl kaum der Sympathie für Milosevic verdächtigen kann. In seinem Bericht über diesen Verdacht kam es zu dem Schluss: »Ein derart uneinheitliches Vorgehen, je nachdem, ob die Kriegsverbrechen Jugoslawien oder der NATO zur Last gelegt werden, ist in der Tat schockierend«.[12]

Kann man noch von Gerechtigkeit sprechen, wenn die Justiz selektiv vorgeht und nur den Feind belangt? Diese Frage

---

12 Pierre Hazan, La justice face à la guerre, S. 219.

stellt sich nicht nur, wenn man die unterschiedliche Behandlung Jugoslawiens und der NATO während des Balkankonflikts betrachtet. Nehmen wir beispielsweise die Minderheitenpolitik: Die Politik Jugoslawiens war gewiss tadelnswert, aber kann man dasselbe nicht von der Politik Israels oder der Türkei sagen? Diese Länder lassen sich von einer internationalen Einmischung ebenso wenig beeindrucken wie Jugoslawien, geschweige denn von einer internationalen Justiz, dennoch wurden nie Sanktionen gegen sie verhängt. Was ist die Erklärung dafür? Es handelt sich um »befreundete« Länder, um Länder, die von strategischem Nutzen für uns sind. Eine Realität, die man sicher nicht ignorieren darf – die jedoch nichts mehr mit Gerechtigkeit zu tun hat.

Der Traum von der Weltjustiz, die die der einzelnen Völker ersetzt, wirft unablässig neue Probleme auf. Der Grund dafür ist, dass zwar die gerichtliche Entscheidung auf internationaler Ebene fällt, ihre Konsequenzen aber eine nationale Gemeinschaft treffen. Stellen wir uns vor, eine Regierung hätte eine Amnestie über alle Beteiligten eines vergangenen Bürgerkriegs verhängt, während die internationale Gerichtsbarkeit beschließt, dass die dort begangenen Verbrechen unverjährbar sind und gerichtlich verfolgt werden müssen. Muss man ihr gehorchen, auf die Gefahr hin, einen neuen Bürgerkrieg auszulösen – unter dem nur die Bevölkerung des Landes, nicht aber die internationalen Richter leiden würden? Ist es nicht einzig Chiles Angelegenheit zu entscheiden, ob man Pinochet vor Gericht stellen muss? Muss nicht allein Kambodscha entscheiden, ob den Komplizen Pol Pots der

Prozess gemacht werden muss? Denn in wessen Namen würde die Justiz urteilen, wenn nicht im Namen des Volkes?

Ich frage mich, ob es nicht ehrlicher wäre, Menschen wie Milosevic, Pinochet oder Saddam Hussein direkt auf die Insel Sankt Helena ins Exil zu schicken, anstatt sie vor ein eigens geschaffenes Gericht zu bringen ... Ist das Wichtigste nicht, sie unschädlich zu machen? Den Diktator zu verurteilen, nachdem er entmachtet ist, bedeutet zwangsläufig, dass man ihm einen politischen Prozess macht mit dem Ziel, die Vergehen der Vergangenheit zu sühnen und dem Recht zur Geltung zu verhelfen, wodurch der strategische Fehler nachträglich in ein gesetzliches Vergehen verwandelt wird. Der gefallene Diktator ist nun nicht nur besiegt, er ist zudem schuldig. Will man vermeiden, dass die Justiz zu politischen Abrechnungszwecken missbraucht wird, so beschränkt man sich besser auf die gültigen Gesetze und greift nicht auf religiöse oder moralische Prinzipien zurück, die nichts mit dem Gesetz zu tun haben.

All diese Bemerkungen hinsichtlich der Mängel internationaler Institutionen dürfen uns jedoch nicht dazu verleiten, sie noch ein wenig weiter zu unterlaufen (der Vertrag ist prinzipiell dem Chaos oder der Erpressung vorzuziehen); allerdings sollten sie unseren Enthusiasmus dämpfen. Die UNO mag sich in allen erdenklichen Situationen als nützlich erweisen, doch angesichts der Möglichkeit des Krieges wird sie immer dem Willen der Hegemonialstaaten unterworfen sein. Die internationale Justiz kann den Einfluss des Rechts stärken, insbesondere wenn sie die zwischenstaatlichen Beziehungen wirksam regelt, anstatt sich Illusionen über weltweite Institutionen hinzugeben. Doch nachdem die Menschheit nun einmal ist, wie sie ist, kann die internationale Ordnung nicht den Willen der Staaten und damit die militärische Macht ablösen. Die Vereinten Nationen werden niemals Aggressionen verhindern, den Frieden sichern und Gerechtigkeit durchsetzen können, denn dazu ist Stärke notwendig, und darüber verfügen nur Staaten. Folglich ist es müßig, einen Gegensatz zwischen Recht und Stärke zu konstruieren: Ohne Stärke, das stellte schon Pascal melancholisch fest, ist das Recht ohnmächtig.

Wie kann man also den Frieden in der Welt sichern? Manche (darunter Frankreich) antworten darauf: indem man auf das internationale Recht und auf Einrichtungen wie die UNO vertraut. Unglücklicherweise hat diese Lösung ihre Mängel: Jedermann weiß, dass die internationalen Beziehungen nicht dem Recht unterstehen, außer wenn die jeweiligen Länder sich ihm freiwillig unterordnen. Andere (die Vereinigten Staaten) antworten: Indem wir auf unsere unangefochtene Stärke in der Welt vertrauen. Alle anderen Ländern haben sich dieser Politik unterzuordnen, auch wenn sie ihnen missfällt – das ist der Preis, den sie dafür zu entrichten haben, dass sie vom Frieden profitieren. Müssen wir uns zwischen diesen beiden Alternativen entscheiden? Nein, denn die bestehenden Möglichkeiten erschöpfen sich nicht zwischen dem »Frieden durch das Gesetz« und dem »Frieden durch Macht«. Beiden Lösungen ist nämlich gemein, dass sie das

Heil in der Einheit suchen, in der sehr realen Einheit des amerikanischen Imperiums auf der einen Seite und in der erträumten Einheit einer Weltregierung auf der anderen. Diesen beiden Optionen muss man jedoch die der Pluralität hinzufügen, bei der versucht wird, den Frieden durch das Gleichgewicht mehrerer Mächte zu bewahren. In diesem Kontext könnte das Europa von morgen seinen Platz finden.

Eine stille Macht

In der heutigen Welt verfügt kein europäisches Land über ausreichende Stärke, um sich alleine gegen eine Großmacht verteidigen zu können, geschweige denn, um auf den Lauf der Welt Einfluss zu nehmen. Frankreich hat dies soeben erfahren müssen: Während der Irakkrise verteidigte es eine Position, die zwar auf Sympathie stieß, jedoch keinerlei Aussicht auf Durchsetzung hatte. Seine militärischen Mittel entsprachen nicht den politischen Ambitionen. Jedes europäische Land besitzt heute eine Armee, die unter nationaler Kontrolle steht – und damit reale, jedoch weltweit besehen ungenügende militärische Stärke.

Zugleich aber betreiben die Staaten der Europäischen Union keine gemeinsame Verteidigungspolitik, und die Union hat auch keine Armee zur Verfügung. Die Gründe für diese Situation sind hinlänglich bekannt: Nach dem Zweiten Weltkrieg war die UdSSR der Hauptfeind Europas, doch die europäischen Länder waren einem solchen Feind militärisch nicht gewachsen. Deshalb musste das atlantische Bündnis mit der NATO als Militärstreitmacht geschaffen werden; darin waren zwar Europäer und Amerikaner gemeinsam vertreten, Letztere hatten jedoch das Sagen. Im Laufe der darauf folgenden Jahrzehnte profitierten die Europäer also vom amerikanischen Schutzschild, ohne selbst die Verantwortung übernehmen zu müssen. Die Situation änderte sich erst in den Jahren 1989 bis 1991 mit dem Fall der Berliner Mauer und der Auflösung der UdSSR: Da der Feind, vor dem man sich schützen musste, nicht mehr existierte, musste die gemeinsame Verteidigungspolitik neu überdacht werden – doch das geschah nicht. Die NATO existiert noch immer, aber man weiß nicht mehr, zu welchem Zweck, und auf jeden Fall wird sie nicht von Europa gelenkt.

Im Übrigen dient die Regierungspolitik der einzelnen Länder weiterhin dem jeweiligen nationalen Interesse, auch wenn die Bürger der verschiedenen Länder einer Meinung zu sein scheinen. So kam es angesichts der Entschlossenheit der Vereinigten Staaten, im Irak Krieg zu führen, zu einer Spaltung der europäischen Länder. Es war nicht das erste Mal, dass sich dieses Fehlen einer gemeinsamen militärischen Strategie zeigte. 1995 sah die Europäische Union tatenlos dem Ausbruch eines Bürgerkriegs in Jugoslawien und insbesondere den Massakern in Bosnien zu; aller öffentlichen Empörung zum Trotz wurde eine militärische Intervention jedoch nicht in Erwägung gezogen (vielleicht auf Grund des Interessenkonflikts zwischen Frankreich und Deutschland). 1999 blieb die Europäische Union in einem, allerdings schwierigeren, Kontext, nämlich im Kosovokonflikt, ebenfalls passiv; zwar fand eine militärische Intervention statt, doch wurde sie im Wesentlichen von der amerikanischen Armee durchgeführt. Wieder einmal hatte Europa seine Abhängigkeit in militärischer Hinsicht eindrucksvoll unter Beweis gestellt.

Die öffentliche Meinung zahlreicher Länder verurteilte die amerikanische Intervention. Doch sie bemühte sich nicht darum, diese Verurteilung mit der Tatsache in Einklang zu bringen, dass Europa in Sicherheitsfragen noch immer von der amerikanischen Militärmacht abhängig ist. An diesem Punkt waren zwei in sich logische Standpunkte möglich: Entweder man gestand die eigene militärische Abhängigkeit ein und verzichtete folglich auf jede Kritik an einer Politik, auf die man ohnehin keinen Einfluss hatte (dafür entschieden sich die spanische, italienische und britische Regierung, die sich damit gegen die öffentliche Meinung in ihrem Land stellten); oder man protestierte laut und vernehmlich, verzichtete damit jedoch auf den von den Vereinigten Staaten angebotenen militärischen Schutz. Es ist unlogisch, die Vorteile beider Positionen in Anspruch nehmen zu wollen. Wie der Soziologe Bruno Latour bemerkte, verdammt man sich so zu einer »rein moralischen« Haltung, die »kein anderes Realitätsprinzip mehr kennt als die Tugend, weil man anderen die Sorge um die Gestaltung der Machtbeziehungen aufgebürdet hat« (*Le Monde* vom 5. April 2003).

Wenn die europäischen Staaten nicht zu ohnmächtigem Gestikulieren verurteilt sein wollen, dann haben sie die Wahl zwischen mehreren Lösungen. Entweder sie legen ihre Verteidigung in die Hände des Stärksten (der Vereinigten Staaten) – und diese Wahl haben einige Länder getroffen – und begnügen sich damit, alles gutzuheißen, was ihr Beschützer tut. Der polnische Präsident Alexander Kwasniewski hat diese Position während der Verhandlungen vor der Intervention im Irak wohl am offensten zum Ausdruck gebracht. Kurz nach dem Beitritt Polens zur NATO erklärte er: »Wenn das die Sicht von Präsident Bush ist, so ist es auch die meine« (*Herald Tribune*, 24. Januar 2003).

Die gleiche Haltung bedingungsloser Unterwerfung sprach auch aus dem Brief der acht EU-Länder zur Irakkrise, darunter Polen, Ungarn und Tschechien, der gefolgt wurde von der Erklärung der zehn Regierungen osteuropäischer Länder, von Estland bis Albanien. Bekanntermaßen tadelte sie der französische Präsident Jacques Chirac zehn Tage später öffentlich mit den Worten, sie hätten »eine gute Gelegenheit zu schweigen versäumt«, sich wie »ungezogene Kinder« benommen und dadurch sogar ihre künftige Zugehörigkeit zur Europäischen Union aufs Spiel gesetzt. Ist das schon die ganze Lektion, die man aus diesen Wechselfällen während der Kriegsvorbereitungen gegen den Irak ziehen kann?

Die Führer der zehn fraglichen Länder haben mich in keiner Weise ins Vertrauen gezogen. Dennoch scheint mir, dass man ihr Verhalten weder durch einen Mangel an guter Kinderstube noch durch übertriebene Dankbarkeit gegenüber den Amerikanern für ihre Rolle während des Kalten Kriegs und auch nicht durch den durchaus erwiesenen Druck Washingtons erklären kann.

Die Länder Osteuropas haben selbst auf die Gefahr hin, manche Mitglieder der Union vor den Kopf zu stoßen, ihre bedingungslose Unterstützung für die Politik der Vereinigten Staaten erklärt, weil sich östlich ihres Territoriums ein anderes riesiges Reich erstreckt, nämlich Russland. Auch wenn die derzeitige russische Regierung keine Expansionspolitik betreibt, so besteht zwischen diesem Staat und den Ländern Osteuropas dennoch ein derartiges quantitatives Missverhältnis, dass sich Letztere immer von ihrem gewaltigen Nachbarn bedroht fühlen werden. Diese Länder wissen, wie die russische Herrschaft aussieht – sie haben sie zu Zeiten der UdSSR zur Genüge erfahren und manche, Polen etwa, schon weitaus länger. Sie müssen sich unweigerlich folgende Frage stellen: Wer bietet uns im Falle einer direkten Bedrohung besseren Schutz, die Vereinigten Staaten oder die vereinten Streitkräfte Frankreichs und Deutschlands? Die Antwort steht zweifelsfrei fest. Auf den amerikanischen Militärschutzschild kann man ernstlich bauen, auf den französischen nicht. Polen ist nicht in der Lage, den Großmächten alleine die Stirn zu bieten und ist lieber ein Satellit der Vereinigten Staaten als Russlands, denn diese Schutzmacht ist zugleich liberaler und weiter weg.

Eine zweite Lösung besteht darin, auf den amerikanischen Schutz zu verzichten, ohne als Ausgleich nach einem anderen zu suchen. Diese Haltung haben neutrale Länder wie die Schweiz oder Österreich eingenommen; man weiß, dass auch in Deutschland starke pazifistische Strömungen existieren. Zufällig fuhr ich Anfang April 2003 mit dem Auto durch

Deutschland, und ich sah häufig Spruchbänder mit der Aufschrift »Nie wieder Krieg!« an den Fenstern. Wer wollte nicht, dass dieser Wunsch Wirklichkeit würde! Reicht es aber, sich selbst zu entwaffnen, um ihn zu verwirklichen?

Wird man eines Tages »den Krieg verbieten« können? Daran darf man wohl mit Fug und Recht zweifeln. Der Pazifismus beruht entweder auf einer falschen Vorstellung, nämlich der, dass menschliche Aggressivität und Gewalt im Schwinden begriffen seien, oder auf einer laschen Haltung, nämlich dass kein Ideal und kein hehres Ziel es wert sind, Opfer dafür zu bringen. Gewiss ist der Verhandlung immer der Vorzug vor dem Krieg zu geben, unglücklicherweise aber ist sie nicht immer möglich. Die Politik der »Eindämmung« hat gegen Stalin gut funktioniert, bei Hitler ist sie gescheitert. Die Europäer von heute sollten eines nicht übersehen: Die Europäische Union wurde letzten Endes nur dank eines militärischen Sieges möglich, dem der Alliierten über Nazideutschland. Hätte man damals freiwillig auf den Einsatz von Waffen verzichtet, dann würden Hitlers Erben noch immer über Europa herrschen.

Abrüstung hat noch nie den Frieden gesichert – manche Aggressoren verstehen nur die Sprache des Stärkeren. Staaten, die abgerüstet haben, sind eine leichte Beute für die, die nicht auf den Einsatz von Waffen verzichtet haben. Weshalb sollten sie auch davon Abstand nehmen, ein reiches, aber wehrloses Europa zu erobern? Politiker, die dieser Option das Wort reden, brächten ihr Volk in Gefahr. Europa als Ganzes könnte nicht den Weg der reichen und neutralen Schweiz einschlagen. Diese ist auf Grund ihrer Ausnahmeposition geschützt, was für den Kontinent im Ganzen nicht der Fall wäre.

Schließlich bleibt noch eine dritte Lösung, nämlich die Verwandlung der Europäischen Union in eine Militärmacht. Dadurch würde Europa selbst zum aktiven Mitspieler in dieser pluralistischen Ordnung, die das weltweite Gleichgewicht garantiert – eine Lösung, die bereits von zahlreichen Politikern vorgebracht wurde, die bis heute jedoch nur ansatzweise verwirklicht wurde. Pluralismus ist besser als Einheit, im Augenblick existiert er nicht. Dabei spricht ein unübersehbares Argument für diese Option: Aus dem Innern ist keine Aggression gegen ein europäisches Land zu erwarten. Aggressionen sind ausschließlich von außen vorstellbar. In diesem Fall müsste nun aber die gesamte Union verteidigt werden, und diese Verteidigung wäre umso effektiver, wenn die Streitkräfte der verschiedenen Länder unter einem Oberbefehl vereint wären. Klar ist außerdem, dass Europa seine Verteidigung selbst in die Hand nehmen muss, wenn es eine autonome Politik betreiben und sich von der manchmal allzu einengenden Vormundschaft der Vereinigten Staaten befreien will. Wenn es die Sicherheit aller Länder des Ostens wie des Westens, aus denen es besteht, erhalten will, dann muss es sich mit einer bewaffneten Streitmacht ausrüsten. Durch die Bildung einer Europa-Streitmacht verlöre zwar jeder Mitgliedsstaat einen Teil seiner nationalen Souveränität, gewänne jedoch im Gegenzug ein Mehr an Sicherheit und eine deutlich größere kollektive Souveränität. Einzig und allein diese Lösung wäre eine glaubhafte Antwort auf die Probleme von Krieg und Frieden in der Welt und könnte die Vereinigten Staaten von der imperialen Versuchung abbringen, der sie heute unterliegen.

Würde die Umwandlung in eine Militärmacht bedeuten, dass Europa dem Beispiel der USA nacheifert oder gar mit ihnen rivalisiert? Nicht unbedingt. Schon der Zusammenschluss der europäischen Staaten zu einer Konföderation ist ein nie da gewesener Vorgang. Auch was die Form ihrer Streitmacht anbelangt, kann die Union vollkommen neue Wege einschlagen, sie ist nicht zur Wahl zwischen Imperialismus und Ohnmacht verurteilt. Ich möchte diese Form als »stille Macht« bezeichnen.

Wie sehen die Aufgaben dieser neuartigen Militärstreitmacht aus? Die europäische Armee müsste folgende Funktionen erfüllen:

- Das europäische Territorium gegen jede Aggression verteidigen (wie die Hitlers oder bin Ladens), bis zur physischen Vernichtung des Feindes
- Jede bewaffnete Auseinandersetzung im Innern des europäischen Territoriums verhindern (wie bei den Konflikten im ehemaligen Jugoslawien oder auf Zypern)
- Durch Androhung eines Gegenschlags jede andere Großmacht (wie Russland zu Zeiten Stalins oder Breschnews) von einem Angriff abhalten
- Im Rest der Welt auf Bitten einer befreundeten Regie-

rung oder zur Verhinderung eines Völkermords durch eine schnelle militärische Eingreiftruppe intervenieren (eine Intervention, die wirksamer sein müsste als die von der UNO beschlossenen)
- Einem privilegierten Partner der Union, beispielsweise den Vereinigten Staaten, zu Hilfe eilen, wenn dieser angegriffen wird

Zugleich impliziert der Begriff »stille Macht« den Verzicht auf andere Absichten, wie sie für Großmächte bezeichnend sind. Das bedeutet:

- Die Europäische Union hat keine Ambitionen, die Angelegenheiten der ganzen Welt zu regeln, sie wird vielmehr eine regionale (kontinentale) und nicht globale Macht sein, vergleichbar mit Russland und China, nicht mit den Vereinigten Staaten. Sie wird nicht versuchen, gewaltsam einen Einmarsch Chinas in Taiwan oder Nordkoreas in Südkorea, des Irak in Kuwait oder Pakistans in Indien zu verhindern. Das bedeutet nicht, dass sie angesichts solcher Akte gleichgültig bleiben wird, sondern dass sie sich auf nichtmilitärische Handlungsmöglichkeiten beschränken wird. Desgleichen wird sie nicht versuchen, missliebige Regierungen wie in Kuba, Simbabwe oder dem Iran durch einen Einmarsch in das jeweilige Land zu stürzen – sondern sie wird versuchen, Einfluss auf deren Politik zu nehmen. Diejenigen, die uns ein Dorn im Auge sind, dürfen nicht verwechselt werden, mit denen, die uns angreifen.

- Infolgedessen wird sie nicht danach streben, sich mit der amerikanischen Hypermacht zu messen, und wird auch zu einem Angriff nicht in der Lage sein; ein militärischer Konflikt mit den Vereinigten Staaten wird daher nicht Teil ihrer Strategie sein. Daher muss sich ihr Militärbudget auch nicht am amerikanischen Budget ausrichten.

Warum ist dieser freiwillige Verzicht auf die imperialen Bestrebungen einer Hypermacht sinnvoll? Teilweise liegen die Gründe dafür in der Vergangenheit: Die Länder Westeuropas – Deutschland, Italien, Frankreich, Großbritannien, Belgien und früher noch die Niederlande, Portugal und Spanien – sind den Verlockungen dieser Rolle in der Vergangenheit sehr wohl erlegen. Heute aber fehlt es ihnen nicht nur an den erforderlichen Mitteln, sie haben diese Bestrebungen auch aufgegeben. In ihren Augen überwiegen heute die Nachteile dieser Politik ihre Vorteile. Zudem glauben sie, dass ihre verfügbaren finanziellen Mittel sinnvoller in andere Programme fließen sollten. Und schließlich sind sie der Ansicht, dass sie zur Stabilität und Sicherheit der Welt beitragen, indem sie auf Präventivkriege mit dem Ziel, missliebige Regierungen zu stürzen, verzichten. Anders gesagt, sie haben sich für diese Politik nicht deswegen entschieden, weil sie moralischer ist, sondern weil sie in ihrem eigentlichen Interesse liegt.

»Stille Macht« ist dennoch nicht gleichbedeutend mit dem Verzicht auf Gewalt. Man hört heute immer wieder spöttische Bemerkungen an die Adresse des »alten Europa«, das den Weg der Venus und nicht des Mars beschritten habe und sich wie ein verweichlichtes und überzüchtetes Wesen benehme, kurzum, dem es an Männlichkeit fehle – alles Sticheleien, die man bereits unter der Federführung faschistischer Autoren lesen konnte, welche sich nach dem Ersten Weltkrieg über die Demokratie lustig machten. Die Europäer aber weigern sich, zwischen den Machos, die den starken Mann spielen, und angeblich weibischen Werten zu wählen; tatsächlich können sie sich über diesen künstlichen Gegensatz hinwegsetzen und die Lebensform verteidigen, die sie gewählt haben. Es handelt sich dabei auch nicht um eine Entscheidung für den »Idealismus« auf Kosten des »Realismus«, eine gute Politik kann sich weder den Verzicht auf das eine noch auf das andere erlauben. So wie Europa bereits beispielhaft die friedliche Vereinigung mehrerer Staaten vorgeführt hat, so könnte es auch den Weg für einen besonnenen Umgang mit der Macht bereiten, deren Vorzüge nicht zu vernachlässigen sind.

Als Großmacht unter anderen hätte Europa beim derzeitigen Stand der Dinge einen bevorzugten militärischen Partner, nämlich die Vereinigten Staaten. Für diese Sonderstellung gibt es zahlreiche Gründe: eine lange gemeinsame Geschichte, weit gehende Übereinstimmung in den politischen Werten der freiheitlichen Demokratie und schließlich gemeinsame Feinde. Diese Partnerschaft würde bedeuten, dass jeder Angriff gegen einen der Partner die militärische Intervention des anderen nach Maßgabe vereinbarter Modalitäten zur Folge hätte. Gleichzeitig wäre vorstellbar, diese Partnerschaft auszusetzen, falls die Vereinigten Staaten ernstlich diesen abenteuerlichen und revolutionären Weg beschreiten wollen, der sie offenbar heute lockt, ohne dass Europa deswegen ohne Verteidigung dastünde.

Man kann die Attentate des 11. September 2001 als Kriegserklärung des islamistischen Terrorismus betrachten. Das Opfer waren die USA, doch man darf sich keinen Illusionen hingeben: Zwar waren die Vereinigten Staaten das Ziel, das getroffen wurde, doch im Visier der Angreifer lag der gesamte Westen, Nordamerika und Westeuropa und sogar noch mehr (»Wer nicht mit uns ist, ist gegen uns«, verkünden die muslimischen Fundamentalisten). Zwar sind die Europäer heute verschont geblieben, doch morgen schon können sie getroffen werden. An dieser Front (welche nicht die der Intervention im Irak ist) ist eine weiter gehende Zusammenarbeit zwischen amerikanischen und europäischen Militärdiensten wünschenswert. Und das umso mehr, als die Europäer zwar bezüglich der klassischen Waffen im Hintertreffen sind, in der Terrorismusbekämpfung, die die Rekrutierung von Kollaborateuren, die Mitarbeit von Zeugen und die Unterstützung durch die Bevölkerung erfordert, allerdings vermutlich einen Vorsprung haben.

Gary Schmitt, der Führer der neofundamentalistischen Gruppierung *New American Century,* höhnte über die militärische Ohnmacht Frankreichs: »Wenn Frankreich dreißigtausend Soldaten in Südkorea stationieren will, bitte schön! Wenn es einen Flugzeugträger in der Meerenge von Taiwan stationieren will, bitte schön!« (*Le Monde* vom 23./24. März

2003). Womit er offenbarte, dass er einem Krieg hinterher war. Nicht die Konfrontationskriege zwischen Staaten sind am schwersten zu gewinnen, und eine Großmacht verfügt über so beeindruckende Mittel zu einem Vergeltungsschlag, dass ein Angriff wenig wahrscheinlich ist. Doch weder Schiffe noch Panzer können verzweifelte Individuen an der Ausführung von Selbstmordattentaten hindern, die Tausende von Toten fordern. Die Vereinigten Staaten brauchen die Flugzeugträger der Franzosen nicht; doch sie können von ihren Nachrichtendiensten profitieren.

So könnte ein europäischer Beitrag zur gemeinsamen Verteidigung aussehen.

Europäische Werte

Wozu könnte eine europäische Streitmacht gut sein? Zur Verteidigung einer bestimmten Identität, die den Europäern am Herzen liegt.

Der Europäer legt vor allem Wert auf die Vielfalt der Länder, aus denen Europa sich zusammensetzt: Jedes besitzt seine eigene Sprache, seine Bräuche und seine Probleme. Umso auffälliger war es zu beobachten, wie sehr sich die öffentliche Meinung während der Vorbereitung des Irakkriegs in den verschiedenen Ländern glich. Diese Seelenverwandtschaft zeigte sich über die gegensätzlichen Positionen der Regierungen hinweg. Die spanischen und italienischen Bürger waren der gleichen Meinung wie die Deutschen und die Franzosen, und selbst die Zustimmung der Briten zum Krieg war ziemlich schwach. So machte die Krise eine Teilung sichtbar, die bereits seit einiger Zeit existierte: Welch ein Kontrast zwischen den Meinungsverschiedenheiten der Politiker und der selbstverständlichen Einigkeit der Bürger! Erstere vermitteln in ihren Debatten über die europäischen Institutionen den Eindruck, als wollten sie vor allem kein Stückchen der Macht verlieren, die sie auf nationaler Ebene innehaben. Letztere überqueren heute, vor allem wenn sie jung sind, Grenzen, ohne darauf zu achten, wechseln leichthin von einer Hauptstadt in die nächste und finden es vollkommen natürlich, zwischen einer Finnin und einer Griechin, einem Dänen und einem Österreicher Platz zu nehmen. Die Erasmus-Programme, die europäischen Studenten die Fortsetzung ihrer Studien außerhalb ihres Heimatlandes ermöglichen, haben in den letzten Jahren erheblich zur Entwicklung dieses europäischen Selbstgefühls beigetragen.

Von außen betrachtet vermittelt Europa noch stärker den Eindruck der Einheit. Bulgarien liegt eigentlich mitten im europäischen Kontinent, und dennoch sprach man in meiner Jugend von Europa wie von einem Traumland, das in Venedig und Wien begann. Selbstredend bedeutete »Europa« damals für uns vor allem die Qualität von Fabrikprodukten im Vergleich zu ihren einheimischen Äquivalenten. »Europäische« Rasierklingen rasierten schärfer, aus »Europa« importierte Hosen saßen besser, »europäische« Elektrogeräte hielten länger. Doch das war noch nicht alles: Über alle materiellen Vorzüge hinweg genoss »Europa« ein Ansehen und einen Ruf geistiger Überlegenheit, die wir nur schwerlich hätten begründen können, von denen wir jedoch nichtsdestoweniger überzeugt waren.

Die Idee einer gemeinsamen europäischen Mentalität ist nicht neu. Schon Jean-Jacques Rousseau dachte über die Bedingungen eines gedeihlichen internationalen Zusammenlebens nach und sagte dazu, dass »alle Mächte Europas untereinander eine Art System bilden«, nicht so sehr auf Grund der Verträge, die sie verbanden, als vielmehr »durch die Gemeinsamkeit der Interessen, durch die Beziehung zwischen ihren Grundsätzen, durch die Übereinstimmung der Sitten«[13]. Zu Zeiten Rousseaus existierte dieses »System« nur in den Köpfen und wurde von den Tatsachen widerlegt, denn Konflikte zwischen europäischen Staaten waren an der Tagesordnung.

Rousseau kannte bereits die Quelle für diese Verwandtschaft der Denkweisen: Sie liegt in einer gemeinsamen Geschichte und Geografie. Die europäischen Länder sind durchweg Erben einer Zivilisation, die sich vor mehr als zweieinhalb Jahrtausenden auf dem Kontinent, zuerst in Griechenland und dann in Rom, herausgebildet hat. Sie alle wurden geprägt von der christlichen Religion, die sich in einer kontinuierlichen Auseinandersetzung mit dem Judaismus und dem Islam befand. Sie profitierten vom technologischen Fortschritt, der mit der Renaissance seinen Aufschwung nahm, und manche von ihnen starteten vom 16. Jahrhundert an in allen Teilen der Welt koloniale Eroberungszüge – bis schließlich vier Jahrhunderte später die ehemaligen Kolonisierten in die alten Metropolen kamen, um dort zu leben. Die Europäer können und wollen diese Faktoren ihrer Vergangenheit nicht vergessen. Sie leben inmitten einer durch menschliche Arbeit geschaffenen Kulturlandschaft, in Städten, deren Entstehung Tausende von Jahren zurückreicht,

---

[13] Vgl. Jean-Jacques Rousseau: Ecrits sur l'abbé de Saint-Pierre, »Projets de la paix perpétuelle«.

umgeben von Denkmälern und Ruinen, die einen Teil ihrer Identität ausmachen. Aus diesem Grund ist es durchaus legitim, Europa – allerdings ganz Europa – als »alt« zu bezeichnen.

Die europäischen Länder haben sich oft und lange bekriegt. Ihre Bevölkerung ist noch nicht bereit, das Blutbad des Ersten Weltkriegs zu vergessen: Selbst im kleinsten französischen Dorf steht ein Soldatendenkmal mit einer langen Liste von Opfern; noch heute verletzen sich Kinder beim Spiel mit nicht entschärften Granaten. Im 20. Jahrhundert schließlich wurden die Länder Europas Opfer der totalitären Unterdrückung: zuerst der kommunistischen Diktatur im Osten, anschließend des Naziterrors im Westen, bis sie schließlich während des Zweiten Weltkriegs zum Schauplatz eines globalen Gemetzels, begleitet von unzähligen Verbrechen und der Ausrottung von »Untermenschen« wie den Juden und Zigeunern durch die Nazis, wurden. Das kommunistische System ging gestärkt daraus hervor und breitete sich weiter aus, bis es während des Kalten Kriegs eingedämmt wurde. All das bildet das schmerzliche Erbe des »alten Europa«. Europa verzichtet heute vor allem deshalb auf seine imperialistischen Ambitionen, weil es den Preis dafür nur allzu gut kennt.

Was die Geografie anbelangt, so stellt eben die Koexistenz so vieler Völker im begrenzten Raum Europas ihr auffälligstes Merkmal dar. Es ist heute unmöglich, zwei Stunden per Flugzeug zu reisen, ohne sich in einem anderen Land mit einer fremden Sprache und überraschenden Gepflogenheiten wiederzufinden. Dieses vorgelagerte Kap Asiens ist kaum größer als die Vereinigten Staaten oder China, aber auf seinem Territorium befinden sich etwa vierzig autonome Staaten, und nicht nur ein einziger.

Doch die gegenwärtige europäische Identität ist mehr als eine schlichte historische oder geografische Gegebenheit, auch wenn sie in Geschichte und Geografie ihre Wurzeln hat. Bestimmte Werte haben sich aus ihrem ursprünglichen Kontext gelöst und sind zu etwas verschmolzen, was man das europäische Projekt nennen könnte – und es steht allen, die guten Willens sind, frei, sich an diesem Projekt zu beteiligen, woher auch immer sie kommen. Diese Werte haben einen lokalen Ursprung, doch ihre Wirkung ist länderübergreifend.

Der europäische Kontinent weist also ein frappierendes Charakteristikum auf: Ein Krieg zwischen seinen Mitgliedsstaaten ist seit kurzer Zeit unvorstellbar geworden. Diese Tatsache, die in der Weltgeschichte einzigartig ist, erstaunt zu Recht und ist es wert, genauer hinterfragt zu werden. Welche Mentalität hat das möglich gemacht? An welchen »Maximen«, um mit Rousseau zu sprechen, hat das Handeln sich schließlich ausgerichtet?

Soll man die prägenden politischen Werte Europas benennen, zögert man oft ein wenig: Selbst wenn man geistige und kulturelle Werte, die keine direkten politischen Wirkungen haben, außen vor lässt, muss man fürchten, dass einem eine gewisse Naivität oder Selbstgefälligkeit vorgeworfen wird. Die Europäer wollen kein allzu überhebliches Bild von sich selbst zeichnen, das der Realität vielleicht nicht entspricht. Auf der anderen Seite stößt man selbstverständlich auch außerhalb Europas auf europäische Werte, entweder weil sie allen Menschen gemein sind oder weil die europäischen Werte in der Ferne Verbreitung gefunden haben. Dennoch stellt man bei genauerem Hinsehen fest, dass sie dort nicht im gleichen Maße anzutreffen sind und nicht die gleiche Erscheinungsform aufweisen. Nun, da der Aufbau Europas in eine entscheidende Phase tritt, kann es nützlich sein, diese Naivität zuzulassen und diese Werte zu benennen, und sei es nur, um sie zum Gegenstand einer offenen Diskussion zu machen. Mein Ziel besteht nicht darin, Gegensätze zu schaffen oder hervorzuheben, was den anderen fehlt, denn es handelt sich dabei nicht um einen Wettstreit, sondern vielmehr um den Versuch, die zentralen Bestandteile des europäischen Modells zu identifizieren. Es folgt nun zunächst eine unstrukturierte Aufzählung:

Rationalität. Dass sie an erster Stelle der Liste steht, bedeutet keineswegs, dass die Europäer stets rational sind oder dass für sie der Vernunft der Vorzug vor den Leidenschaften oder der Intuition zu geben ist. Es bedeutet vielmehr, dass man in Europa traditionellerweise von der Möglichkeit einer rationalen Erkenntnis der Welt ausgeht. Selbst die verrücktesten Handlungen und die rätselhaftesten Phänomene können verstandesmäßig erfasst werden. Menschliches Verhalten ist rational überprüfbar und diskutierbar, was tendenziell zum Austausch von Argumenten statt von Schlägen führt. Die

Vernunft ist fähig zur Erkenntnis und zum Verständnis. Das Postulat der Rationalität ist eine notwendige (aber nicht hinreichende) Voraussetzung für die Entstehung der Wissenschaft wie der Demokratie. Es stellt sich gegen Obskurantismus, Aberglaube, magisches Denken und Manipulation.

Dieses Postulat ist mindestens ebenso alt wie das vorsokratische Denken in Griechenland und durchzieht in Gestalt des Respekts vor der Wissenschaft wie auch vor der politischen Diskussion die gesamte Geschichte des Abendlands. Vielleicht ist es gerade diese lange Geschichte, die die Europäer im 20. Jahrhundert für eine spezielle Pervertierung dieses Denkens hellhörig gemacht hat, nämlich wenn es nicht länger Werkzeug der Erkenntnis und des Verstehens ist, sondern stattdessen zur nächsten Rechtfertigung unseres Handelns missbraucht wird. Spätestens seit Hiroshima wissen wir, dass die Wissenschaft nicht rundum positiv ist und dass die Vernunft ein Instrument ist, das die moralische Qualität seiner Ergebnisse nicht gewährleistet. Wissenschaft und Technik kennen keine Grenzen, wenn man sie sich selbst überlässt: Wenn sie die ungeteilte Herrschaft über die Welt ausüben, wird alles, was möglich ist, auch obligatorisch. Die Europäer haben also begriffen, dass die letztgültigen Entscheidungen nicht direkt von der objektiven Erkenntnis abhängen und auch nicht durch eine unparteiische Vernunft entschieden werden dürfen. Sie lehnen die blinde Wissenschaftsgläubigkeit ab, denn sie wollen, dass Handeln politisch und moralisch bestimmt wird, das heißt durch ihren Willen, ihre Sehnsüchte und ihre Ideale und nicht durch bloße Erkenntnis. Zugleich aber weigern sie sich, ins andere Extrem zu verfallen und in der Wissenschaft mehr eine Bedrohung denn ein Versprechen zu sehen, und sie lehnen es erst recht ab, auf das Prinzip der Rationalität zu verzichten.

Gerechtigkeit. Wieder findet man im antiken Griechenland die ersten Versuche zur Verteidigung dieses Prinzips auf europäischem Boden. Den Menschen, die zu jener Zeit in den Städten leben, wird bewusst, dass sie in ihrem eigenen Interesse das Gemeinschaftsleben gewissen Regeln unterwerfen müssen, anstatt es einfach nur der willkürlichen Herrschaft von Interessenkonflikten auszusetzen. Da sie sich selbst ein Gesetz geben, verlieren sie ihre Freiheit nicht, auch wenn sie ihm unterworfen sind – sie unterwerfen sich ihrem freiem Willen, und diese Autonomie erlaubt ihnen, sich zu verwirklichen. Hinter den einzelnen, speziellen Gesetzen scheint die Idee der Gerechtigkeit an sich auf: als erstrebenswertes Handeln, bei dem jeder sein eigenes Interesse hintanzustellen vermag, folglich als das allgemein Erstrebenswerte. Die gerechte Ordnung ist nicht greifbar, sie steht über dem real Existierenden und den individuellen Wünschen. »Das Angenehme unterscheidet sich vom Guten«, sagt Sokrates, und das Gerechte ist auf Seiten des Guten: Es ist nicht gerecht, weil es mir gefällt, sondern weil es alle zufrieden stellen könnte, sofern jeder davon absieht, entsprechend seinen eigenen Annehmlichkeiten und Interessen zu urteilen.

Gerechtigkeit steht im Gegensatz zu Egoismus, zur Forderung nach Privilegien und Vorteilen – die man hingegen erlangen kann, indem man auf Stärke setzt. Sokrates' Gegenspieler in Platons Republik behauptet: »Überall gilt, dass das Gerechte das Nützliche des Stärkeren ist.«[14] Auch seine Lektion ist nicht in Vergessenheit geraten. Der neofundamentalistische Ideologe Gary Schmitt beispielsweise erklärt: »Die Vereinigten Staaten haben das Recht, ›obersten Schiedsrichter‹ in Sicherheitsfragen zu spielen, weil sie die einzige zivilisierte Weltmacht sind, die die Macht und den Willen besitzen, alles Notwendige zu unternehmen, um unzivilisierte Nationen an Angriffen auf den Frieden und die Sicherheit zu hindern« (*Le Monde* vom 23./24. März 2003). Wie auch immer die Definition von »zivilisiert« in diesem Satz lauten mag, sie reicht nicht aus, um Macht, und sei sie noch so groß, in Recht zu verwandeln.

Will man handlungsfähig sein, kommt die Gerechtigkeit nicht ohne die Stärke aus. Die Idee der Gerechtigkeit fließt in allgemeine Prinzipien ein, in das Naturrecht, in die Menschenrechte und schließlich in Verfassungen und Gesetze; doch damit diese Gesetze Gültigkeit erlangen, müssen sie sich auf die Stärke des Staates stützen. Dabei hat der Staat allerdings keine uneingeschränkte Handlungsfreiheit: Auch er ist gehalten, die Gesetze zu respektieren. Aus diesem Grund hat keine Regierung das Recht zu foltern, nicht einmal ihre ärgsten Feinde, noch sie außerhalb jeder Legalität gefangen zu halten wie die Phantome von Guantánamo.

---

14 Platons Republik, S. 47.

Ebenfalls im Namen der Gerechtigkeit weigern sich die Europäer, sich einzig und allein ökonomischen Zwängen zu unterwerfen. In den kommunistischen Ländern war die Ökonomie der Politik untergeordnet, und infolgedessen verfiel sie. Ebenso wenig sinnvoll aber ist es, dass die Politik sich bedingungslos der Ökonomie unterwirft (den »Gesetzen des Markts«): Die ökonomische Dynamik muss sich entfalten können, zugleich aber bemühen sich Staaten wie die der Europäischen Union im Namen der sozialen Gerechtigkeit, das heißt zum Schutze der Schwächsten, ihre negativen Auswirkungen zu begrenzen und zu korrigieren (nicht im Sinne einer mechanischen Umverteilung von Reichtum, sondern einer institutionalisierten Solidarität).

Wieder legitimieren die Europäer auf internationaler Ebene die Macht durch die Art ihrer Ausübung, sie erlegen sich selbst Grenzen auf, indem sie Verpflichtungen durch Verträge und Vereinbarungen eingehen und gemeinsame Institutionen ins Leben rufen. Auf diesem Prinzip gründet sich die »stille Macht«.

Demokratie. Eine weitere Erfindung der Griechen, die die Macht in die Hände des »Volkes«, das heißt aller Bürger, legen will. Es ist bekannt, dass im alten Griechenland vielen Menschen der Status des Bürgers verwehrt war (Frauen, Sklaven, Männern fremder Herkunft); die moderne Demokratie hingegen schließt niemanden mehr aus, abgesehen von Verrückten und Verbrechern (und Kindern). Unsere demokratische Mitwirkung schlägt sich in der Wahl nieder, durch die wir unsere Abgeordneten auf Zeit bestimmen; und weil jeder gleichberechtigter Teil des »Volkes« ist, sind unsere Rechte absolut identisch, und jede Stimme zählt so viel wie die andere. Ein Staat, der auf welche Weise auch immer dieses Prinzip absoluter Gleichheit vor dem Gesetz verletzt, kann folglich nicht als demokratisch bezeichnet werden. Südafrika zu Zeiten der Apartheid war also keine Demokratie, aber auch die Vereinigten Staaten waren es vor der Abschaffung der Rassendiskriminierung nicht (daher der Kampf für die Bürgerrechte). Auch jeder Staat, der bestimmten Bürgern auf Grund ihrer Religion, Sprache oder Bräuche Sonderrechte zubilligt, bewegt sich außerhalb der Demokratie. Die Demokratie ist keine »natürliche« Staatsform in dem Sinn, dass sie von allen Bürgern die Zugehörigkeit zu einer wie auch immer beschaffenen Kategorie (Rasse, Religion), verlangt, sondern sie ist eine »vertraglich vereinbarte« Staatsform.

Ein Staat kann dem Geist der Gerechtigkeit huldigen, ohne eine Demokratie zu sein. Die europäischen Völker indessen fühlen sich an die demokratische Regierungsform gebunden.

Individuelle Freiheit. Das Individuum verdankt seinen besonderen Status in Griechenland dem Umstand, dass es Zugang zur Vernunft hat (die jedem Einzelnen zu Gebote steht), dass es in den Genuss der Gerechtigkeit kommt (die universell ist, aber von jedem Einzelnen erfahren wird) und dass es an der Demokratie teilhat (und dort von seinem

Recht gebraucht macht). Die Formel: »Der Mensch ist das Maß aller Dinge« impliziert auch, dass man den Nutzen bestimmter Handlungen an den Vorteilen misst, die das Individuum daraus zieht, auch wenn man dabei die Interessen der Gemeinschaft oder gar der Menschheit nicht außer Acht lässt. Die christliche Religion ist es, die diesem Konzept schließlich zum entscheidenden Durchbruch verhilft, denn im Gegensatz zu früheren Glaubenslehren hebt sie die direkte Beziehung zwischen Gott und jedem Einzelnen hervor. Zwar umfasst diese Beziehung nicht alle Bereiche der menschlichen Existenz, sondern nur die, die ihren Schöpfer betreffen, doch allmählich setzt sich der Wert des Individuums auch in der menschlichen Gemeinschaft durch.

Dabei spielt ein Charakteristikum des Individuums eine herausragende Rolle, nämlich seine Freiheit, das heißt, die Fähigkeit, seinem eigenen Willen gemäß zu handeln. Mangelnde Freiheit kann zwei Gründe haben: Entweder die Menschen sind vollkommen determiniert durch ihre Natur (früher sagte man: durch ihre Rasse, ihr Blut; heute: durch ihre Gene) oder aber durch ihre Kultur (Sprache, Religion, Erziehung); in diesem Fall ist es besser, der Wissenschaft die Zügel für ihr Verhalten in die Hand zu geben, als sie blind umherirren zu lassen. Oder aber sie sind der Kontrolle durch andere Individuen, Institutionen oder durch den Staat unterworfen; im Extremfall ist das Individuum auf Sklaverei reduziert. Die Freiheit des Individuums steht und fällt also mit seiner Möglichkeit, diesen beiden Zwängen zu entkommen, von denen der eine unpersönlicher, der andere gesellschaftlicher Natur ist: Der Mensch kann sich nach Rousseau in jeder Lage fügen oder widersetzen.[15]

Aus diesem Grund schätzen die Europäer die Herrschaftsformen, die ihr Recht auf Freiheit respektieren, sie bezeichnen sie als »freiheitliche Demokratie«. Demokratie alleine genügt ihnen nämlich nicht, denn das Volk könnte auch den Terror oder den Kannibalismus oder die Ausrottung der schwächsten Mitglieder der Gruppe beschließen, und das Individuum hätte kein Recht zu protestieren, wenn seine Freiheit nicht gleichzeitig geschützt wäre. Jeder Mann und jede Frau hat das Recht, sich ohne nachteilige Folgen den Vorschriften der Gruppe zu entziehen, solange seine Freiheit nicht direkt die der anderen beeinträchtigt – eine einschränkende Formulierung, die Raum für Diskussionen lässt und es erlaubt zu verstehen, dass für manche Menschen eine Frau ohne Schleier eine Belästigung darstellt, während Pornografie im Fernsehen das für andere nicht ist. Der Konsens ist in ständiger Entwicklung begriffen, doch alle Europäer sind sich einig in der Forderung nach Glaubensfreiheit, Meinungsfreiheit und der Freiheit, sein Privatleben nach eigenem Gutdünken zu gestalten, und sie lehnen es einmütig ab, dass der Staat Individuen mit Gewalt zu etwas zwingt, wie es die totalitären Regime getan haben. Auch das Recht, einer (sprachlichen, religiösen oder sonstigen) Minderheit anzugehören, ohne deshalb verfolgt zu werden, ist Teil dieser individuellen Freiheiten.

---

15 Vgl. Jean-Jacques Rousseau: De l'état social.

Die Behauptung, das Individuum könne sich von den Bedingungen, die es konditionieren, befreien, impliziert zugleich, dass jeder bis zum letzten Tag ein unfertiges Wesen bleibt: Er kann sich vervollkommnen, er kann sich verändern (zum Guten oder zum Schlechten). Das ist einer der Gründe, weshalb die Europäische Union von all ihren Mitgliedern den Verzicht auf die Todesstrafe fordert, denn diese spricht dem Kriminellen die Möglichkeit der Veränderung ab und verweigert ihm so die Zugehörigkeit zur menschlichen Gemeinschaft – was in gewisser Weise ebenfalls ein Verbrechen ist.

Trennung von Kirche und Staat. Paradoxerweise entstammt die Idee des Laizismus einer religiösen Tradition, nämlich dem Christentum. Christus selbst zog einen radikalen Trennstrich zwischen Himmel und Erde, Theologie und Politik, als er verkündete: »So gebet dem Kaiser, was des Kaisers ist, und Gott, was Gottes ist« (Matthäus, 22, 21) und: »Mein Reich ist nicht von dieser Welt« (Johannes, 18,36). Laizismus bedeutet nicht die Abwesenheit oder die Ablehnung der Religion, sondern ebendiese Trennung und damit die Weigerung, christliche Werte mit dem Schwert durchzusetzen. Obwohl diese Formel genuin christlichen Ursprungs ist, wurde die Trennung innerhalb der christlichen Tradition selbst nur unter großen Mühen vollzogen. Sobald das Christentum zur offiziellen Religion eines Staates wurde, war die Versuchung groß, die Gesetze der Menschen in Anlehnung an die des Gottesreichs zu gestalten und die königliche Macht der des

Kirchenführers, des Papstes, unterzuordnen. Erst das 14. Jahrhundert mit seinen bewaffneten Auseinandersetzungen zwischen Päpsten und Kaisern brachte die ersten großen Theoretiker des Laizismus hervor, Marsilius von Padua und Wilhelm von Ockham, die die theoretischen Grundlagen des souveränen Staates sowie die Trennung von Glaube und Vernunft schufen.

Das Gegenteil des Laizismus ist die Ideokratie, das heißt die Verquickung von Ideologie und Staat. Diese kann die Form einer Theokratie annehmen, in der der Klerus über die politischen Entscheidungen der Menschen bestimmt. Sie kann aber auch die Gestalt des Totalitarismus annehmen – und in dieser Form ist sie im 20. Jahrhundert in Europa zur konkreten Bedrohung geworden –, wenn die Partei als Träger der Ideologie mit dem Staat eins wird. Die traumatisierende Erfahrung des Kommunismus und des Nazismus machen die Europäer für jeden Verstoß gegen die Trennung von Kirche und Staat besonders empfindlich. Vermutlich ist Europa auch der Teil der Welt, in dem religiöse Praktiken am striktesten auf die Privatsphäre beschränkt sind.

Diese Entscheidung hat eine bedeutende Konsequenz. Da zwischen Himmel und Erde ein Bruch verläuft, ist jeder Versuch, ein irdisches Paradies zu errichten, ausgeschlossen. Die weltlichen Staaten von heute erheben nicht den Anspruch, den endgültigen Sieg der Werte, die sie verteidigen, zu sichern noch die Menschheit ein für alle Mal von all ihren Fehlern zu heilen. Der Mensch ist seinem Wesen nach unvollkommen, seine Gemeinschaften sind mit Mängeln behaftet und bleiben es auch. Die Europäer von heute lassen, wenn auch in einer ganz anderen Form, die christliche Idee von der in diesem Leben unauslöschlichen Erbsünde wieder aufleben. Dafür widersetzen sie sich jeder millenaristischen oder messianistischen Häresie, die das Himmelreich im Hier und Jetzt errichten will. Aus diesem Grund weigern sie sich, im Namen einer strahlenden Zukunft die Herabwürdigung der Gegenwart zu akzeptieren.

Toleranz. Die Toleranz, ein weiteres Vermächtnis der Religionsgeschichte, wird heute begrifflich weiter gefasst. Ausgehend davon, dass eine ungeheure Vielfalt unter den Menschen und ihren Gesellschaftsformen zu verzeichnen ist, zieht sie eine Grenze zwischen tolerierbaren und nichttolerierbaren Abweichungen. Was innerhalb eines Staates nicht tolerierbar ist, wird vom Gesetz unter Strafe gestellt: die Vergehen und Verbrechen und die Gewalt, die eben gerade im Dienst der Intoleranz steht. Der riesige Bereich der tolerierbaren Abweichungen wird davon nicht berührt. Weder Individuen noch Gruppen sind verpflichtet, die Denkweisen und Handlungen der anderen zu billigen; aber sie haben weder das Recht, diese am Festhalten an ihrer Entscheidung zu hindern noch sie zu verfolgen.

In Europa trifft eine außergewöhnliche Vielzahl von Unterschieden aufeinander. Zur Vielfalt der Sprachen kommt noch die Mannigfaltigkeit der Gebräuche, der Traditionen, der Organisation von Zeit und Raum, ob öffentlich oder privat, der sozialen Schichten, der Berufe und Parteien hinzu.

Der Umstand, dass die Staaten so klein sind, hat Beziehungen zwischen ihnen unvermeidlich gemacht. Nachdem die Völker Europas sich jahrhundertelang bekriegt, gehasst und verachtet haben, sind sie nun zum friedlichen Zusammenleben innerhalb einer Union fähig geworden. Die Differenzen sind nicht wie durch Zauberhand verschwunden, aber sie lösen keine Feindseligkeiten mehr aus und werden sogar an und für sich geschätzt. Wie jüngst in einem Essay Jürgen Habermas bemerkte: »Auch die Anerkennung von Differenzen – die gegenseitige Anerkennung des anderen in seiner Andersheit – kann zum Merkmal einer gemeinsamen Identität werden« (*Frankfurter Allgemeine Zeitung* und *Libération* vom 31. Mai/1. Juni 2003).

Man könnte in diesem Zusammenhang die Frage aufwerfen, ob die Vereinigung Europas, die sich zu allem Überfluss im Zeitalter der Globalisierung vollzieht, nicht eben diese kulturelle Vielfalt bedroht. Ich für meinen Teil glaube, dass diese Gefahr überschätzt wird. Die Menschen konnten zu jeder Zeit unterscheiden zwischen staatsbürgerlicher oder administrativer und kultureller Identität; so besehen ist die Einheit von Staat und Nation eher eine Ausnahme. Der Besitz eines europäischen Passes hindert niemand daran, sich zugleich als Spanier oder auch Andalusier zu fühlen. Und diese kulturellen Identitäten sind weniger anfällig, als man glaubt. Es ist wahr, dass bestimmte Sprachen mit geringer Verbreitung im Aussterben begriffen sind, doch sobald sie von mehreren Millionen Menschen gesprochen werden, sind sie außer Gefahr. Die bulgarische Bevölkerung zählt, berücksichtigt man alle Minderheiten, kaum mehr als zehn Millionen Menschen, dennoch habe ich nie gehört, dass die bulgarischen Kinder heute anfangen würden, Englisch, Deutsch oder Russisch zu sprechen. Der »Europa«-Effekt wirkt vielmehr dahingehend, dass die jungen Bulgaren im Wissen, dass ihre Muttersprache jenseits der Landesgrenzen kaum verbreitet ist, heute schon früh Fremdsprachen lernen. Franzosen und Deutsche finden die gleichen Produkte im Supermarkt, und doch vermischen sich ihre Sprachen nicht miteinander. Wenn zwei Staatsangehörige dieser Länder sich begegnen, werden sie wahrscheinlich in der »internationalen Sprache« Englisch miteinander kommunizieren, zu Hause aber spricht jeder das heimische Idiom. Man kann einen Franzosen und einen Deutschen daran erkennen, wie sie die Straße überqueren, wie sie ihre Kinder erziehen oder am intellektuellen Leben ihres Landes teilnehmen – die Traditionen haben Bestand.

Warum ändert die europäische Integration daran nichts oder nur so wenig? Weil Traditionen nicht innerhalb derselben Generation, sondern nur sukzessive, von einer Generation an die nächste, weitergegeben werden. Sprachen entwickeln sich selbstverständlich weiter, allerdings sehr langsam: Wir Franzosen verstehen noch immer die Sprache Montaignes. Auch in diesem Punkt ist unsere Vorstellung von der Welt trügerisch. Im Allgemeinen unterschätzen wir die Stärke des Bandes zwischen den Generationen, denn wir hängen allzu gerne der Vorstellung eines freien Subjekts nach, das sich gleichsam von einer Tabula rasa aus selbst erfindet und frei definiert. Die Kultur jedoch speist sich aus dieser Weitergabe zwischen den Generationen und widersteht daher sehr gut allen Vereinheitlichungstendenzen.

Wer Militärmacht sagt – und sei es auch eine »stille« –, sagt auch Soldaten, die bereit sind, ihr Leben aufs Spiel zu setzen. Niemand aber stirbt freiwillig, damit die Zollgebühren sinken oder der heimische Aktienindex steigt. Die Nationalstaaten selbst stiften heute keine affektive Bindung mehr, man beschränkt sich vielmehr darauf, Dienstleistungen von ihnen zu verlangen. Die Wahrung der europäischen Identität und ihrer tragenden Werte bietet daher eine bessere Rechtfertigung für die Risiken, die mit der Übernahme der Verantwortung für unsere Verteidigung einhergehen. Solange Europa nichts weiter als eine bequeme Einrichtung ist, wird es keine Leidenschaft wecken, dazu müsste es darüber hinaus eine Idee sein.

Die Anpassung
der Institutionen

Wenn man sich näher auf die zuvor skizzierte Vision Europas einlässt, erkennt man schnell, dass die europäischen Institutionen in ihrer heutigen Form diese nur wenig fördern; sie müssten daher einem Wandel unterworfen werden. Dieses Bestreben verfolgen im Übrigen verschiedene Organisationen, insbesondere der Europäische Konvent im Jahre 2003. Da ich weder Mitglied einer Kommission noch irgendjemandem Rechenschaft schuldig bin, möchte ich nun ungehindert darüber nachdenken, welche Institutionen am besten für ein neues Europa geeignet wären. Ich erleichtere mir die Aufgabe erheblich, indem ich nur über das Wünschenswerte nachdenke, ohne mich um seine Realisierbarkeit zu kümmern. Aber ich bin der Meinung, dass man sich zuerst über das Ziel einigen sollte, bevor man nach den geeigneten Mitteln sucht.

Die folgenden Vorschläge erheben keinen Anspruch auf Originalität: Sie wurden alle bereits von anderen Autoren formuliert und haben ihre Wurzeln in ganz unterschiedlichen politischen Strömungen, »linken« wie »rechten«. Doch das Problem liegt gerade darin, dass unzählige Vorschläge existieren, die oft vollkommen unvereinbar sind. Daher liegt mir weniger an Originalität als an einer Zusammenführung dieser Vorschläge zu einem schlüssigen Ganzen: Angenommen, man würde sich über den Geist eines zukünftigen Europas einigen, welche Institutionen würden dann am besten dazu passen?

Ich habe bereits von der Notwendigkeit gesprochen, dass Europa sich als »stille Macht« definiert, anders gesagt als autonome Militärmacht, die sich selbst gegen jeden Gegner (ausgenommen die Vereinigten Staaten) verteidigen und ihren Verbündeten zu Hilfe kommen kann. Diese Umwandlung erfordert eine gemeinsame Verteidigungsstruktur und eine deutliche Erhöhung der Verteidigungsausgaben.

Ist diese Streitmacht erst einmal geschaffen, so stellt sich selbstredend die Frage nach ihrer Beziehung zur NATO. Diese wiederum müsste sich in zweierlei Hinsicht verändern. Einerseits müsste Europa, nachdem es militärisch autonom geworden ist, dem atlantischen Bündnis sein Rüstungsmaterial entziehen und es unter seine eigene Kontrolle stellen. Auf der anderen Seite böte eine deutlich reduzierte NATO in Situationen, in denen eine Zusammenarbeit erforderlich ist (Solidarität im Fall eines Angriffs auf einen der Partner, Kampf gegen den islamistischen Terrorismus et cetera) einen nützlichen Rahmen für die militärische Zusammenarbeit zwischen der Europäischen Union und den Vereinigten Staaten.

Nicht alle Länder der Europäischen Union sind bereit, ihre Mitgliedschaft in der NATO aufzugeben, um sie durch die

Zugehörigkeit zu einem europäischen Militärbündnis zu ersetzen. Das gilt insbesondere für die Länder des Ostens, die noch mit der schmerzhaften Erinnerung an die sowjetische Einmischungspolitik leben: Sie halten den amerikanischen Schutz für verlässlicher als den europäischen. Sie zu zwingen ist weder sinnvoll noch möglich, sie werden erst mit der Zeit ihre Meinung ändern. Dazu muss zum einen das Trauma des Totalitarismus verblassen, und zum anderen muss die europäische Armee an Stärke gewinnen. Eines Tages werden auch diese Länder erkennen, dass ihr Beitritt zu einem europäischen Militärbündnis in ihrem eigenen Interesse liegt, und dann werden sie ihn aus freien Stücken vollziehen.

Der Fall Großbritanniens unterscheidet sich insofern grundlegend, als es seine Militärpolitik mit der der Vereinigten Staaten verknüpft hat. Auch hier muss man eine Veränderung von innen abwarten: Großbritannien könnte es eines Tages vorziehen, den Herrn im eigenen Haus anstatt den Knecht anderswo zu spielen. Diese Veränderung ist umso wünschenswerter, als die britische Armee die stärkste Europas ist; tatsächlich müsste die Führung der zukünftigen europäischen Verteidigung in ihre Hände gelegt werden.

Einstweilen bleibt festzuhalten, dass nicht alle europäischen Länder gleichermaßen nach einer militärischen Integration streben. Anstatt jedoch nur passiv auf diese Veränderung zu warten, scheint, wie manche Beobachter bereits bemerkt haben, ein anderes Vorgehen ratsam: Die Errichtung nicht etwa eines Europas, das sich Schritt für Schritt im Ganzen verändert, sondern eines Europas aus mehreren konzentrischen Kreisen.

Der innere Zirkel oder harte Kern würde sich aus den Ländern zusammensetzen, die der Auffassung sind, dass sie in Fragen der Sicherheit wie in den Beziehungen zu außereuropäischen Ländern gemeinsame Lösungen finden wollen, da vom Innern Europas keine Bedrohung mehr ausgeht. Zugleich wäre eine gemeinsame Verteidigung und ein gemeinsames Auftreten nach außen besser, weil ihre Einmischung dann mehr Gewicht hätte. Diese Länder könnten folglich eine einheitliche Außen- und Verteidigungspolitik beschließen. Eine solche Gemeinschaft wäre nicht länger ein loser Zusammenschluss unabhängiger Staaten, die ihr Vorgehen koordinieren, wie die Union heute, sondern ein echtes Bündnis. Es scheint, als wären die Gründungsstaaten der Union – Deutschland, die Benelux-Länder, Frankreich, Italien – zu diesem Schritt bereit; sie könnten also im Innern der Union selbst die Europäische Föderation gründen.

Eine Konsequenz dieser Maßnahme wäre allerdings, dass der französische Präsident auf seine höchstpersönliche Domäne verzichten müsste, nämlich die Verteidigung und die Außenpolitik. Die französischen Institutionen müssten sich infolgedessen stärker in eine parlamentarische Richtung entwickeln.

Der nächste konzentrische Kreis entspräche der Europäischen Union in ihrer heutigen Form: Ein Zusammenschluss von demnächst fünfundzwanzig und in Kürze fünfunddreißig Ländern (darunter die Balkanstaaten, Moldawien, Norwegen). Die Aufnahmekriterien für diesen Kreis sind bekannt: ein bestimmtes wirtschaftliches Entwicklungsniveau, juristische Garantien, eine freiheitliche Demokratie. Jedes neue Mitglied muss sich den wesentlichen europäischen Werten, wie sie hier aufgeführt wurden, verpflichten. Diese Forderung hat in einem Land wie der Türkei bereits ermutigende Fortschritte bewirkt: die Aufhebung der Todesstrafe und die Anerkennung der Rechte von Minderheiten. Dass der Islam die Mehrheitsreligion in einem Land ist, ist kein Hindernis; was heute in Europa zählt, ist nicht das Christentum, sondern eines seiner paradoxen Vermächtnisse: die Trennung von Religion und Staat.

Die Europäische Union wäre also ein einheitlicher Raum in Hinblick auf Ökonomie, Justiz und Polizei, Kultur und Bildung. Ihre Mitglieder könnten sich eines Tages der Föderation anschließen oder ihr fernbleiben.

Darüber hinaus gäbe es einen dritten Kreis. Europa kann nur mit bestimmten Grenzen existieren, innerhalb derer sich ein gewisser Konsens herstellt. Wo aber verlaufen diese? Die Staaten, die sie bilden, müssen in etwa gleich groß sein. Deshalb wird Russland nie Teil der Union werden, wie eng es auch immer kulturell mit anderen europäischen Ländern verflochten sein mag und wie auch immer seine politische Struktur aussieht: Das Land ist zu riesig, seine Bevölkerung zu groß, seine Aufnahme hätte eine Destabilisierung zur Folge. Etwas anders liegt der Fall bei der Ukraine und Weißrussland, kleineren Staaten, die sich eines Tages zwischen einer engeren Bindung an Russland oder einer Integration in die

Europäische Union werden entscheiden müssen. Aus demselben Grund kommt auch eine Aufnahme der Maghreb-Staaten nicht in Frage. Zusammengenommen stellen sie eine zu übermächtige Größe dar, zugleich aber gibt es keinen Grund, sich allein auf Marokko oder Algerien oder irgendein ähnliches Land zu beschränken.

Europa kann diese Staaten, die vorrangiger Teil seiner Einflusszone sein werden, jedoch auch nicht einfach ignorieren. Schon heute existieren vielfältige institutionelle und menschliche Beziehungen dorthin; diese werden noch stärker werden, da beide Seiten daraus Nutzen ziehen. Europa darf nicht von seinem Süden und seinem Osten abgeschnitten werden, wo die geografischen Grenzen im Übrigen leicht zu überschreiten sind, denn die Völker, Ressourcen und Bedürfnisse ergänzen einander. Es ist wahrscheinlich, dass bestimmte europäische Länder aus historischen und geografischen Gründen den Austausch mit den Mittelmeerländern favorisieren, andere mit dem Osten des Kontinents; beide sind für Europa notwendig.

Zugleich impliziert eine derartige Umstrukturierung Europas in drei Kreise eine Stärkung seiner zentralen Institutionen. Vor allem anderen müssten diese demokratischer werden, das heißt stärker die Wünsche der europäischen Bürger widerspiegeln und weniger die der Staaten – deren Überwindung und Einverleibung ja gerade Ziel der Union ist. Das heute gültige Prinzip, demzufolge jeder Staat auf vielerlei Ebenen ebenso große Macht hat wie jeder andere, ist absurd. Es erinnert an die unverhältnismäßigen Privilegien, die gewisse Gruppen unter dem Ancien Régime genossen. Die Französische Revolution bedeutete einen großen Schritt nach vorne, als in der Nacht des 4. August 1789 diese Privilegien abgeschafft wurden; es ist Zeit, dass die Europäische Union ihren 4. August vollzieht. So wie die Dinge momentan stehen, leben in den sechs bevölkerungsreichsten Ländern der Union siebzig Prozent der Bevölkerung, die jedoch das gleiche Gewicht – auch in der Kommission – haben wie die sechs am dünnsten besiedelten Länder, deren Bevölkerungsanteil nicht einmal ein Prozent ausmacht. Eine Situation, die besonders dann untragbar wird, wenn es um die Schaffung einer vereinten Militärmacht geht, denn Armee bedeutet Budget, Soldaten, Mittel – die alle proportional zur Bevölkerung sind. Es ist in diesem Zusammenhang untragbar, dass Maltas Stimme ebenso viel Gewicht hat wie die Italiens. Wenn die Vertragsbedingungen von vornherein klar formuliert sind, werden die Bürger einen Verzicht problemlos akzeptieren. Schließlich akzeptieren wir ja auch innerhalb eines jeden Landes, dass eine Partei die Staatsgeschäfte leitet – auch wenn wir für die Gegenpartei gestimmt haben.

Die demokratischste Institution Europas ist sein Parlament – es ist der direkte Ausdruck vom Willen der europäischen Bürger. Dieser Zusammenhang muss noch weiter gestärkt werden, indem man auf Proportionalität besteht. Beispielsweise könnte man festlegen, dass für eine Million Bürger ein Abgeordneter gewählt werden muss. Ein einfaches und klares Prinzip, das für jedermann verständlich ist. Im Innern eines jeden Landes könnte weiterhin die Listenwahl maßgeblich sein, wodurch die Repräsentation aller bedeutenden Strömungen gewährleistet wäre.

Andererseits müsste die Führungsspitze der Union gestärkt werden, indem sie durch eine Wahl legitimiert wird: Wir brauchen einen gewählten Präsidenten Europas. Doch die direkte Wahl ist hier unangebracht, denn die Politiker sind außerhalb ihres Landes kaum bekannt, so dass jedes Land möglicherweise schlicht für seinen eigenen Staatsbürger stimmen könnte. Dieses Problem könnte indes umgangen werden, wenn der Präsident Europas von den europäischen Abgeordneten (deren vorrangige Aufgabe dies wäre) für den gleichen Zeitraum und unter den gleichen Bedingungen wie sie selbst gewählt würde. Eine solche, absolut demokratische Wahl durch das Parlament hätte den Vorzug, dass die nationalen Affinitäten ausgeglichen würden durch die Entscheidung für große politische Richtungen. Die französischen Sozialisten würden vermutlich lieber für einen sozialistischen deutschen Kadidaten stimmen als für einen französischen Liberalen. Dieser Präsident wäre somit repräsentativ für die parlamentarische Mehrheit und zudem selbst Abgeordneter, was sowohl seine Bekanntheit in seinem Herkunftsland gewährleistet (er hätte dort an der Spitze einer der großen Listen für die Wahlen zum Europaparlament gestanden) als auch seine Vertrautheit mit den Angelegenheiten der Gemeinschaft.

Der Präsident Europas hätte die Befugnis, die Leitlinien der europäischen Politik zu formulieren. Er würde bei seiner Arbeit einerseits unterstützt werden von dem oder den Verteidigungs- und Außenministern der Europäischen Föderation und andererseits von der Kommission, deren Vorsitz er zugleich hätte. Die Kommissare selbst wären nicht mehr Vertreter der Mitgliedsstaaten, sondern würden vom Präsidenten selbst auf Grund ihrer persönlichen Eignung und Kompetenzen ernannt, denn ihre Aufgabe besteht darin, über das Wohlergehen Europas zu wachen und nicht über das ihrer Herkunftsstaaten. Die Einzelstaaten hingegen würden ihre Repräsentanten (einen pro Land, beispielsweise den Außenminister) in einen Rat entsenden, der eine Kontrollfunktion ausüben würde.

Der Konvent zur Zukunft Europas unter Vorsitz von Valéry Giscard d'Estaing hat vor kurzem seinen Vorschlag zu einer europäischen Verfassung veröffentlicht, der auch die europäischen Institutionen tangiert. Manche seiner Empfehlungen gehen in die hier vorgeschlagene Richtung: Ein Europa, das nur einige Staaten durch eine gemeinsame Verteidigungspolitik vereint (die zukünftige Föderation) wird möglich, der Präsident der Kommission wird tatsächlich vom Parlament gewählt. Bedauerlicherweise musste man den nationalen Regierungen, die keinen Fingerbreit ihrer Macht aufgeben wollen, zahlreiche Konzessionen machen: So blieb die dominante Rolle des Rats erhalten, der wie sein Präsident den einzelnen Nationalstaaten verbunden ist; für die Wahl der Kommissare, das heißt die europäischen Minister, ist weiterhin ihre Nationalität ausschlaggebend und nicht ihre individuelle Eignung. Offenbar war es unmöglich, die Integration noch weiter voranzutreiben. Dennoch: Die bloße

Existenz einer europäischen Verfassung ist ein ungeheurer Fortschritt. Die Union gibt sich damit öffentlich eine geistige Identität und beschränkt sich nicht mehr auf die bloße Rolle der ökonomischen Interessenvertretung.

Wenn die Europäische Union einen Präsidenten mit wirksamen Machtbefugnissen hätte, dann würde sie als Institution weitaus einflussreicher, als sie es gegenwärtig ist. In diesem Sinne wäre auch eine weitere Veränderung äußerst hilfreich: die Einführung einer einheitlichen Arbeitssprache. Der Vorschlag dürfte allen Nationalisten missfallen, dennoch spricht schon der gesunde Menschenverstand dafür. Es handelt sich dabei im Übrigen nicht um eine radikale Neuerung; im Mittelalter existierte ein Europa der Eliten insbesondere dank der Möglichkeit, über alle Grenzen hinweg auf Latein zu kommunizieren. Heute kann nur eine einzige Sprache diese Rolle spielen, nämlich die, die ich als »internationale Sprache« bezeichne: Englisch. Das ist nicht die Sprache Shakespeares oder Henry James'. Es ist die Sprache, die alle Europäer in den meisten Ländern außerhalb ihres eigenen sprechen, um sich verständlich zu machen. Es ist die Sprache, die die Wissenschaftler aller Länder untereinander benutzen, um die Entwicklung ihres Faches zu verfolgen. Es ist die Sprache, in der Jugendliche aller europäischen Länder mit den Nachbarn kommunizieren. Ich vermute sogar, dass auch die europäischen Beamten in ihr kommunizieren, wenn die Mikros ausgeschaltet sind. Man muss endlich den Mut aufbringen, den Tatschen ins Augen zu sehen.

Ein solches internationales Hilfsmittel der Verständigung

bedroht weder die nationale Kultur noch die einzelnen Sprachen in ihren vielfältigen Funktionen. Die Franzosen mögen beruhigt sein! Meine Muttersprache ist Bulgarisch, ich selbst habe mich für das Französische als Ausdrucksmedium entschieden, und ich habe es keine Sekunde lang bedauert. Aber ich weiß auch, dass mein Ausdrucksvermögen nicht mit der Funktionsfähigkeit einer Institution wie der Europäischen Union zu verwechseln ist. Eine internationale Sprache wie Englisch zu lernen sollte heute so selbstverständlich sein, wie man Autofahren oder den Umgang mit dem Computer lernt. Es ist ein großer Gewinn, direkt in Kontakt mit Fremden treten zu können, denn dadurch wird jeder in die Lage versetzt, eine gewisse Distanz zu sich selbst einzunehmen, in seinem eigenen Verhalten zwischen natürlichen und kulturell geprägten Faktoren zu unterscheiden und für andere Denkweisen aufgeschlossen zu sein. Ist dieser erste Kontakt erst einmal hergestellt, so ist der Weg zum Kennenlernen anderer Kulturen wie Sprachen bereitet.

Schließlich möchte ich noch einen Vorschlag machen, der auf weniger Einwände stoßen dürfte und leichter zu verwirklichen ist. Man sollte einen europäischen Feiertag einführen, einen Europafeiertag, an dem diese Vereinigung begangen wird. Dabei bietet sich ein Datum besonders an: der 8. (oder 9.) Mai, der Tag, am dem der Zweite Weltkrieg zu Ende ging. Auch Deutschland als Verlierer dieses Krieges hat ebenso wie die anderen Länder allen Grund zur Feier dieses Datums, denn diese Niederlage ist zugleich ein Sieg. Sie steht für die Befreiung von der Naziherrschaft und hat die Voraussetzung dafür geschaffen, dass Deutschland ein Gründungsmitglied des neuen Europas wurde. Die Europäische Union ist die indirekte und dennoch logische Folge dieses Konflikts und seiner Beilegung, zugleich aber ist sie ein Zukunftsprojekt. Anstatt der Vergangenheit nur zu gedenken, werden wir darin den Grundstein unseres heutigen Handelns erkennen.

Mai/Juni 2003

Bibliografie

Aron, Raymond: Frieden und Krieg. Eine Theorie der Staatenwelt. Fischer Verlag, Frankfurt a. M. 1963. (Paix et guerre entre les nations. Calman-Lévy, Paris 1962)

Ders.: Zwischen Macht und Ideologie. Politische Kräfte der Gegenwart. Europaverlag, Wien 1974. (Études politiques. Gallimard, Paris 1972)

Clark, Wesley: Waging Modern War. Bosnia, Kosovo, and the Future of Combat. PublicAffairs Ltd., New York 2002.

Des Herrn Montesquieu Persianische Briefe, Frankfurt/Leipzig 1759 (Charles de Montesquieu: Lettres persanes, 1721)

Grossman, Wassilij: Leben und Schicksal. Knaus Verlag, München 1994.

Hazan, Pierre: La justice face à la guerre. Edition Stock, Paris 2000.

Kagan, Robert: Macht und Ohnmacht. Amerika und Europa in der neuen Weltordnung. Siedler Verlag, Berlin 2003. (Of Paradise and Power. America and Europe in the New World Order. Alfred A. Knopf, New York 2003)

Kant, Immanuel: Zum ewigen Frieden. Ein philosophischer Entwurf. Reclam Verlag, Stuttgart 1999. (Zum ewigen Frieden, Königsberg 1795)

Platons Republik, Altona 1799, bei Johann Friedrich Hammerich

Rousseau, Jean-Jacques: Schriften: Auszug aus dem Plan des Ewigen Friedens des Herrn Abbé de Saint-Pierre. K. Alber, Freiburg i. B. /München 1953. (Extrait de la paix perpétuelle de l' Abbé de Saint Pierre, 1756)

Ders.: Vom Gesellschaftsvertrag oder Die Grundsätze des Staatenrechts. Reclam Verlag, Stuttgart 2003. (Du Contrat social ou Principes du droit politique, 1762)